■ 일본어 **프리토킹** 스터디의 모델

# ありがとう日本語 프리/토킹 BASIC
### Free Talking

일본어 **프리토킹** 스터디의 모델

겐코히로아키, 나라유리에, 테루야마노리모토, 윤호숙, 김희박 공저

Foreign Copyright:
Joonwon Lee
Address: 10, Simhaksan-ro, Seopae-dong, Paju-si, Kyunggi-do,
　　　　　Korea
Telephone: 82-2-3142-4151
E-mail: jwlee@cyber.co.kr

## ありがとう 日本語 Free Talking Basic
## 아리가또 일본어 프리토킹 베이직

2010. 10. 15. 초 판 1쇄 발행
2013. 10. 28. 초 판 2쇄 발행
2016. 9. 20. 초 판 3쇄 발행
2018. 3. 23. 초 판 4쇄 발행
**2021. 3. 19. 초 판 5쇄 발행**

저자와의
협의하에
검인생략

지은이 | 겐코히로아키, 나라유리에, 테루야마노리모토, 윤호숙, 김희박
펴낸이 | 이종춘
펴낸곳 | ㈜도서출판 성안당
주소 | 04032 서울시 마포구 양화로 127 첨단빌딩 3층(출판기획 R&D 센터)
　　　10881 경기도 파주시 문발로 112 파주 출판 문화도시(제작 및 물류)
전화 | 02) 3142-0036
　　　031) 950-6300
팩스 | 031) 955-0510
등록 | 1973. 2. 1. 제406-2005-000046호
출판사 홈페이지 | www.cyber.co.kr
ISBN | 978-89-315-7986-4 (13730)
정가 | 15,000원

### 이 책을 만든 사람들
기획 | 최옥현
진행 | 김해영
본문 디자인 | 박정현
표지 디자인 | 박원석
홍보 | 김계향, 유미나
국제부 | 이선민, 조혜란, 김혜숙
마케팅 | 구본철, 차정욱, 나진호, 이동후, 강호묵
마케팅 지원 | 장상범, 박지연
제작 | 김유석

이 책의 어느 부분도 저작권자나 ㈜도서출판 성안당 발행인의 승인 문서 없이 일부 또는 전부를 사진 복사나 디스크 복사 및 기타 정보 재생 시스템을 비롯하여 현재 알려지거나 향후 발명될 어떤 전기적, 기계적 또는 다른 수단을 통해 복사하거나 재생하거나 이용할 수 없음.

■ 도서 A/S 안내

성안당에서 발행하는 모든 도서는 저자와 출판사, 그리고 독자가 함께 만들어 나갑니다.
좋은 책을 펴내기 위해 많은 노력을 기울이고 있습니다. 혹시라도 내용상의 오류나 오탈자 등이 발견되면 **"좋은 책은 나라의 보배"**로서 우리 모두가 함께 만들어 간다는 마음으로 연락주시기 바랍니다. 수정 보완하여 더 나은 책이 되도록 최선을 다하겠습니다.
성안당은 늘 독자 여러분들의 소중한 의견을 기다리고 있습니다. 좋은 의견을 보내주시는 분께는 성안당 쇼핑몰의 포인트(3,000포인트)를 적립해 드립니다.

잘못 만들어진 책이나 부록 등이 파손된 경우에는 교환해 드립니다.

## 머리말

### 외국어 학습에 지름길은 없다!!

이는 외국어를 배우는 사람이라면 누구나 동의함직한 말입니다. 일본어를 배우는 사람 중에도 종종 의욕이 앞선 나머지 처음부터 무작정 일본어 회화에만 몰두하려는 분들이 있습니다. 이런 분들은 대부분이 발음의 부정확성, 빈약한 어휘력, 체계적이지 못한 언어구사능력 등으로 인해 고급 회화 수준에 이르지 못하고 한계에 봉착하게 되곤 합니다.

회화에는 기초수준의 문형과 어휘로 한정된 기초회화, 특정한 장면과 역할을 제시하여 회화를 하는 롤플레이 회화, 그리고 어떤 주제에 대해 학습자가 자유롭게 참가하는 자유회화가 있습니다. 정확하고 유창한 회화능력을 갖추기 위해서는 제시된 문형연습을 통해 기초회화 연습을 하고, 롤플레이 연습을 통해 자연스러운 커뮤니케이션의 장에서 프리토킹을 하는 것이 필수적입니다.

본 교재는 이와 같은 회화 습득 과정을 단계적으로 거쳐 회화연습을 할 수 있도록 구성하였습니다. 기존의 회화교재가 문형이나 문법학습 없이 자유롭게 말하는 방식인데 비해 본 교재에서는 제일 먼저 '문형연습(パターントレーニング)'을 거쳐 프리토킹의 기본이 되는 문(文) 구성연습을 할 수 있도록 하였고, '다이얼로그'에서는 최근의 주요테마를 중심으로 현대 일본인들의 생명력 넘치는 회화문을 제시하여 학습자의 관심을 유도하였습니다. 또한 상황설명만으로 이루어져 있어 자연스러운 회화 연습이 어려웠던 기존의 교재들과 달리 본 교재의 '프리토킹'에서는 역할을 바꿔가면서 롤플레이를 할 수 있도록 구성하였을 뿐만 아니라 '모범회화 예시' 또한 부록에 제시하였습니다. 나아가 기본회화를 마스터하고 어휘를 보충하여 폭넓은 회화를 할 수 있도록 하였으며, JF 일본어교육 스탠다드가 지향하는 '상호이해를 위한 일본어'의 구성요소인 '과제수행능력', '이문화 이해능력'과 '新일본어능력시험'이 요구하는 '과제수행을 위한 언어 커뮤니케이션 능력'을 익히도록 하였습니다.

본 교재는『ありがとう日本語1、2』와『ありがとう日本語会話』의 중간단계에 위치하며 초급에서 중급으로 가는 과정의 가교역할을 하는 교재입니다. 또한『ありがとう日本語1、2』에서 학습한 기본문법을 활용해 회화연습이 가능하도록 하였습니다.

끝으로 본 교재가 완성되기까지 물심양면으로 애써주신 니혼고팩토리의 임직원을 비롯한 관계자 여러분께 진심으로 감사의 뜻을 전합니다.

2010년 8월
저자 일동

# 이 책의 구성과 특징

본 책은 <아리가또 일본어> 시리즈의 중급 교재로, 일본어 기초 문법을 끝낸 학습자가 기능어를 활용하여 자신의 생각을 좀 더 구체적이고 자연스럽게 표현할 수 있도록 한 교재입니다.

❶ ダイアローグ
생생한 대화문을 통해 학습에 필요한 기능어를 제시합니다.

❷ 重要表現
본문에서 제시된 기능어에 대한 설명과 예문을 통하여 기능어의 사용 방법을 공부할 수 있습니다.

❸ パターントレーニング
앞에서 배운 기능어를 활용한 회화문 연습입니다. 제시된 단어와 표현들을 활용하여 말하기 연습을 할 수 있습니다.

❹ フリートーキング
여러 가지 상황을 설정하여 롤플레이를 할 수 있도록 구성하였습니다. 본문 대화와 학습한 기능어를 활용하여 마음껏 말해 보세요.

❺ Voca+
각 과의 주제와 관련있는 단어와 관용구를 외울 수 있도록 했습니다.

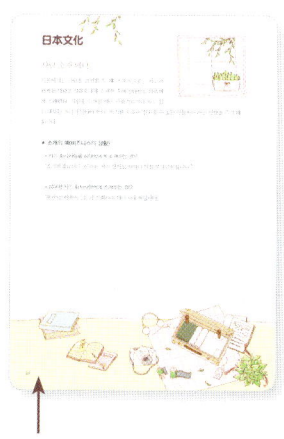

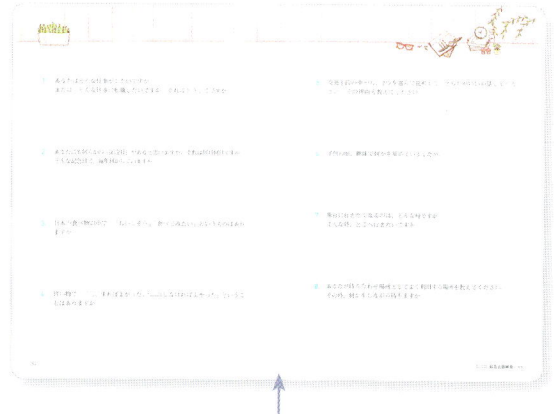

**❻ 日本文化**

언어에는 그 나라의 문화가 깃들어 있습니다. 일본의 전통문화와 독특한 현재 일본의 모습 등을 소개합니다.

**❼ 総合会話練習**

교재의 10과와 20과에 중간점검을 할 수 있는 코너를 마련했습니다. 제시된 질문에, 앞에서 배운 기능어들을 활용하여 자유롭게 자신의 생각을 말해 보세요.

**❽ 付録**

해석, 프리토킹 모범회화 예시, 그리고 日本文化 코너의 일본어 원문을 수록하였습니다.

**❾ 네이티브 녹음 mp3**

ダイアローグ와 パターントレーニング의 내용을 네이티브의 발음으로 생생하게 녹음하였습니다. 원어민의 발음을 통해 정확한 발음을 익히고 반복적으로 따라하다보면 자연스럽게 표현들이 입에 붙을 것입니다.

# 목차

**第1課** 　　　　　　　　　　　11
**紹介**
1. ～という
2. ～てください
3. ～ている

**第2課** 　　　　　　　　　　　19
**時間・月日**
1. 普通形
2. ～んです
3. ～ている

**第3課** 　　　　　　　　　　　27
**ボランティア**
1. ～にする
2. 動詞の可能形
3. ～そうだ

**第4課** 　　　　　　　　　　　35
**ショッピング**
1. ～くなる
　～になる
2. ～てみる
3. ～ば（よかった）

**第5課** 　　　　　　　　　　　43
**交通**
1. ～てしまう
2. ～かもしれない
3. ～より

**第6課** 　　　　　　　　　　　51
**趣味**
1. ～がほしい
2. ～(動詞辞書形)のが
3. ～と

**第7課** 　　　　　　　　　　　59
**旅行**
1. ～たり～たりする
2. ～ないでください
3. ～(ら)れる

**第8課** 　　　　　　　　　　　67
**約束**
1. ～しませんか
2. ～しましょう
3. ～ながら

**第9課** 　　　　　　　　　　　75
**パソコンとゲーム**
1. ～(さ)せる
2. ～たい
3. ～すぎだ

**第10課** 　　　　　　　　　　　83
**総合会話練習**

### 第11課
### プレゼント　　　　　87
1. ～てくれる
2. ～(よ)うと思う
3. ～てある

### 第12課
### 大学生の日課　　　　95
1. ～てから～する
2. ～するようにする
3. ～なければならない
   ～ないといけない

### 第13課
### 社会人の日課　　　　103
1. ～だけだ
2. ～たらどうですか
   ～たらいかがですか
3. ～ようになる

### 第14課
### 依頼　　　　　　　　111
1. ～ていただけないでしょうか
   ～ていただけませんか
2. ～したことが[は]ある
3. ～予定だ

### 第15課
### 友達　　　　　　　　119
1. ～らしい
2. ～するな(よ)
3. ～くする
   ～にする

### 第16課
### 海外旅行　　　　　　127
1. ～(さ)せていただけませんか
   ～(さ)せていただけないでしょうか
2. ～ので
3. ～つもりだ

### 第17課
### 病院　　　　　　　　135
1. ～てもかまいませんか
2. ～たほうがいい
   ～ないほうがいい
3. ～なくてもいい

### 第18課
### 電話　　　　　　　　143
1. ～ことにする
2. ～てほしい
3. ～はずだ

### 第19課
### 将来の夢　　　　　　151
1. 尊敬語・謙譲語
2. ～ために
3. ～ておく

### 第20課
### 総合会話練習　　　　159

### 付録　　　　　　　　163
해석
모범회화 예시
日本文化원문

## 등장인물

**山口学(まなぶ)** : 32세, A형, 쌍둥이자리
아리가또 물산의 사원
성실하고 다정한 성격

**パクセヘ** : 30세, O형, 처녀자리
아리가또 물산의 사원
조금 특이하지만 착함

**ウドンチャン** : 22세, B형, 황소자리
한국에서 온 유학생
활발하고 밝은 성격

**川野元子(もとこ)** : 22세, A형, 염소자리
우동찬과 같은 대학교 학생
야무진 성격의 소유자

**上田淑子(としこ)** : 45세, O형, 물고기자리
아리가또 물산의 위엄있는 상사

**イミンス** : 33세, A형, 전갈자리
아리가또 물산의 분위기 메이커

**岡城司(じょうじ)** : 22세, AB형, 게자리
우동찬의 친구

# 第1課
# 紹介

### 重要ポイント
1. ～という
2. ～てください
3. ～ている

Track 001

店員　いつもありがとうございます。500円ね。お客さん、留学生？

ウ　　はい。韓国から来ました。ウドンチャンといいます。

店員　えっ？ウド、ウドンチャ……。

ウ　　あ〜、ウ・ドン・チャンです。「うどんちゃん」と呼んでください。

店員　「うどんちゃん」…か、それはいいね。じゃ、うどんちゃん、韓国のどちらから？

ウ　　チェジュ島です。家族みんなチェジュ島に住んでいます。はい、500円。ごちそうさまでした。

語句　お客(きゃく)さん 손님　　　留学生(りゅうがくせい) 유학생　　　家族(かぞく) 가족
　　　住(す)む 살다

● 重要表現

**1**　〜という ： 〜(라)고 하다

- ウドンチャンといいます。
- 川口健太といいます。

**2**　〜てください ： 〜해 주세요

- 今度誘ってください。
- 日本の料理を教えてください。

**3**　〜ている ： 〜(고) 있다〈상태, 반복, 습관〉

- 父は日本の会社に勤めています。
- 姉はカナダで英語の勉強をしています。

語句
今度(こんど) 이번, 다음　　誘(さそ)う 권하다　　料理(りょうり) 요리
勤(つと)める 근무하다　　姉(あね) 언니, 누나　　英語(えいご) 영어

第1課 紹介　13

# パターントレーニング

◉ 제시된 어구를 문장에 알맞게 변형하여 회화 연습을 해 봅시다.

Track 002

**1** A: はじめまして。

B: はじめまして。
❶韓国から来ました ❷ウドンチャンといいます。

A: そうですか。失礼ですが、お仕事は？

B: ❸貿易会社に勤めています。

① アメリカ　　② ジョンスミス　　③ 証券会社
① 中国　　　　② ワンミンミン　　③ 味の素
① 北海道　　　② 高橋久美　　　　③ アパレル関係の会社

---

**語句**
失礼(しつれい) 실례　　　仕事(しごと) 일　　　貿易(ぼうえき) 무역
証券(しょうけん) 증권　　味(あじ)の素(もと) 일본 회사명　　アパレル 어패럴, 의류

**2** A: 私、❶釣りにこっているんです。

B: そうですか。いいですね。
　　私も前は❷していたのですが、また始めようかな……。

A: 今度、いっしょにいかがですか。

B: いいですね。ぜひ❸誘ってください。

① ボランティア活動をする　② する　③ 呼ぶ
① 高尾山に行こうと思う　② 山登りをする　③ 連れて行く
① ヨガ教室に通う　② ヨガを習う　③ レッスン日などを教える

---

**語句**　釣(つ)りにこる 낚시에 열중하다　活動(かつどう) 활동　呼(よ)ぶ 부르다
　　　　 山登(やまのぼ)り 등산　連(つ)れて行(い)く 데리고 가다　教室(きょうしつ) 교실
　　　　 通(かよ)う 다니다　習(なら)う 배우다　レッスン日(び) 레슨 날

第1課 紹介 | 15

# フリートーキング

⊙ 다음 상황에 맞게 역할극을 해 보고, 서로 상대역도 해 봅시다.

 당신은 B를 처음 만났습니다. 첫 대면 인사를 하고 난 뒤에 이름, 직업, 또는 학생이면 학교 이름, 전공, 학년, 사는 지역 등에 관해 물어봐 주세요.

 당신은 A를 처음 만났습니다. 첫 대면 인사를 하고 난 뒤에 이름, 직업, 또는 학생이면 학교 이름, 전공, 학년, 사는 지역 등에 관해 대답해 주세요.

▶ 모범회화 예시문은 165쪽에

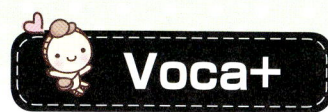

会社員
(かいしゃいん)
회사원

教師
(きょうし)
교사

医者
(いしゃ)
의사

専業主婦
(せんぎょうしゅふ)
전업주부

就職浪人
(しゅうしょくろうにん)
취업재수생

弁護士
(べんごし)
변호사

エンジニア
엔지니어

デザイナー
디자이너

客室乗務員
(きゃくしつじょうむいん)
객실승무원

看護師
(かんごし)
간호사

法学
(ほうがく)
법학

経済学
(けいざいがく)
경제학

文学
(ぶんがく)
문학

化学
(かがく)
화학

医学
(いがく)
의학

## 사람 소개 매너

　일본에서는 사람을 소개를 할 때, 기본적으로 자신과 관계된 사람을 상대방에게 소개한 후에 상대방을 자신과 관계된 사람에게 소개한다. 사람을 소개할 때는 주춤거리거나 자신 없는 태도는 취하지 말아야 한다. 이러한 모습은 '신뢰할 수 없는 인물이다'라는 인상을 주기 때문이다.

\* **소개의 예**(비즈니스의 상황)

▶ 자기 회사사람을 상대방에게 소개하는 경우
「ご紹介いたします。こちら私の上司で営業部長の山田でございます。」

▶ 상대방을 자기 회사사람에게 소개하는 경우
「部長、こちらが、ＸＸ株式会社の山下様です。」

# 第2課
# 時間・月日

### 重要ポイント
1. 普通形
2. 〜んです
3. 〜ている

# ダイアローグ

Track 004

山口　この会議、何時に終わるんですかね。
　　　1時からずっとですよ。

パク　長いですよね。もう5時間ですよ。
　　　だれも聞いていませんよ。

山口　本当ですね。おしゃべりしていますね。
　　　ふう～、私、7時に約束があるんですけどね……。

パク　私もですよ。実は私、ヨガを始めたんです。週に3回。

山口　へぇ～、ヨガですか。どうですか。

パク　月・水・金の7時から9時まで、2時間なんですけど、
　　　いいですよ。会議、まだかな……。

語句　会議(かいぎ) 회의　　終(お)わる 끝나다　　約束(やくそく) 약속
　　　実(じつ)は 사실은　　始(はじ)める 시작하다

## ● 重要表現

### 1 普通形 (보통형)

\* 動詞

| 丁寧形 | 普通形 |
|---|---|
| いきます | いく |
| いきません | いかない |
| いきました | いった |
| いきませんでした | いかなかった |
| ありません | ない |

\* イ形容詞

| 丁寧形 | 普通形 |
|---|---|
| たかいです | たかい |
| たかくないです | たかくない |
| たかかったです | たかかった |
| たかくなかったです | たかくなかった |

\* ナ形容詞

| 丁寧形 | 普通形 |
|---|---|
| げんきです | げんきだ |
| げんきじゃありません | げんきじゃない |
| げんきでした | げんきだった |
| げんきじゃありませんでした | げんきじゃなかった |

\* 名詞

| 丁寧形 | 普通形 |
|---|---|
| やすみです | やすみだ |
| やすみじゃありません | やすみじゃない |
| やすみでした | やすみだった |
| やすみじゃありませんでした | やすみじゃなかった |

## 2  〜んです : 〜(것) 입니다〈이유, 설명, 확인〉

「〜んです」는 일반적으로 **普通形**에 접속되지만, 'ナ형용사'와 '명사'의 경우 아래와 같이 접속된다.
- ナ형용사 : 元気だ → 元気なんです
- 명사 : 休みだ → 休みなんです

- ちょっとお願いがあるんですが……。
- 実は私、外国人なんです。
  えっ、そうなんですか。全然気がつきませんでした。

## 3  〜ている : 〜고 있다〈동작의 진행, 계속〉

- ちょっと待ってください、今料理を作っていますから。
- もしもし、今何をしてますか。
  今ですか。学食で友達とご飯を食べてますよ。

---

**語句**

お願い(ねがい) 부탁　　　　　　外国人(がいこくじん) 외국인　　　　全然(ぜんぜん) 전혀
気(き)がつく 생각이 미치다. 정신이 들다　　待(ま)つ 기다리다　　　　学食(がくしょく) 학생식당

## パターントレーニング

⊙ 제시된 어구를 문장에 알맞게 변형하여 회화 연습을 해 봅시다.

 Track 005

**1** A: そんなに荷物をたくさん持って、どこへ行くんですか。

　　B: これから❶会議なんです。

　　A: そうですか。それにしてもすごい荷物ですね。

　　B: ❷社長も出席するんです。

　　　それで❸こんなに資料が多いんですよ。

① プレゼンテーション　② 新商品のサンプルが入っている　③ こんなに大きい

① ヨガ教室　② 床でストレッチをする　③ ヨガマットが必要だ

① 営業部の忘年会　② 歌を歌う　③ 衣装を持ってきた

---

 語句
荷物(にもつ) 짐(화물)　　持(も)つ 들다　　すごい 굉장하다
出席(しゅっせき) 출석　　資料(しりょう) 자료　　新商品(しんしょうひん) 신상품
床(ゆか) 마루　　営業部(えいぎょうぶ) 영업부　　忘年会(ぼうねんかい) 망년회
衣装(いしょう) 의상(복장)

**2** A: 井上さんを見ませんでしたか。

B: さっき ❶会議室にいましたよ。
　　❷プレゼンの準備をしています。

A: じゃあ、忙しいんですかね？

B: ❸がんばっていたので、もう終わると思います。

① 教室　　　　② 掃除をする　　　　③ みんな、手伝う
① グラウンド　② サッカーをする　　③ 後片づけをする
① 応接室　　　② お客さんと話をする　③ 立ち上がってあいさつをする

**語句**
さっき 아까, 조금 전　　　　プレゼン 프레젠테이션(プレゼンテーション)을 줄여서 부르는 말
準備(じゅんび) 준비　　　　忙(いそが)しい 바쁘다　　　　後片(あとかた)づけ 뒤처리
立(た)ち上(あ)がる 일어서다, 일어나다

◉ 다음 상황에 맞게 역할극을 해 보고, 서로 상대역도 해 봅시다.

 당신은 지금부터 도서관에 가려고 합니다. 그 전에 도서관에 전화를 걸어서 개관시간, 폐관시간, 휴관일 등을 물어보세요.

 당신은 도서관 사서입니다. A의 문의전화에 대답해 주세요.

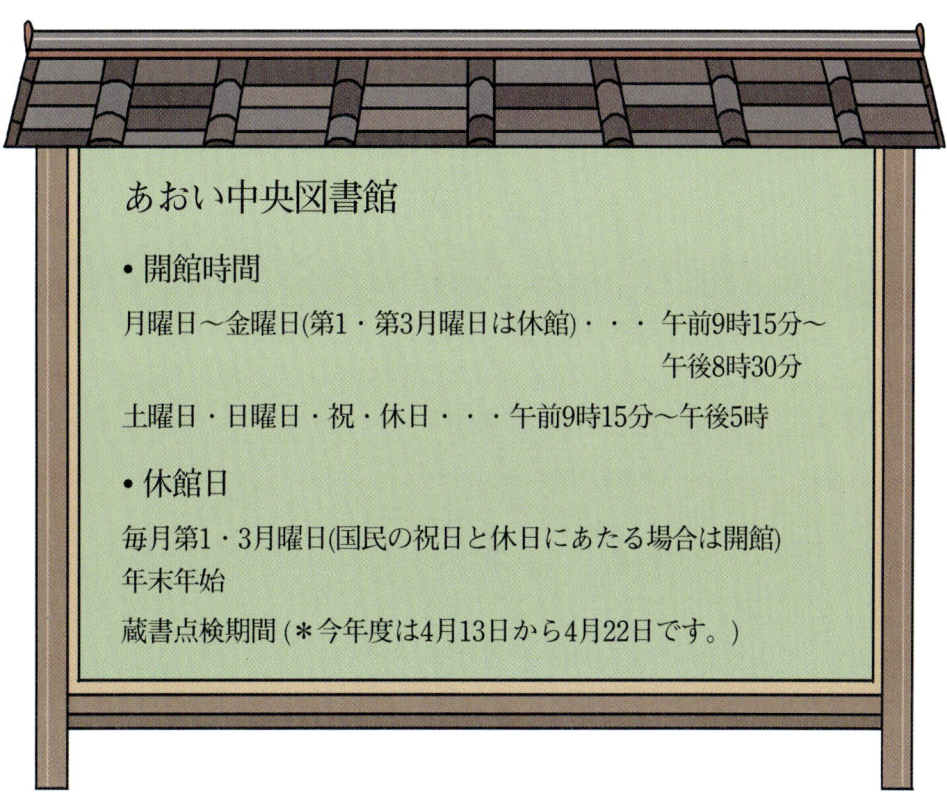

○ 모범회화 예시문은 167쪽에

\* 시간 읽기

| 1時 | 2時 | 3時 | 4時 | 5時 | 6時 |
|---|---|---|---|---|---|
| いちじ | にじ | さんじ | よじ | ごじ | ろくじ |
| 7時 | 8時 | 9時 | 10時 | 11時 | 12時 |
| しちじ | はちじ | くじ | じゅうじ | じゅういちじ | じゅうにじ |

| 1分 | 2分 | 3分 | 4分 | 5分 |
|---|---|---|---|---|
| いっぷん | にふん | さんぷん | よんふん よんぷん | ごふん |
| 6分 | 7分 | 8分 | 9分 | 10分 |
| ろっぷん | ななふん | はっぷん | きゅうふん | じゅっぷん じっぷん |

\* 날짜 읽기

| 1月 | 2月 | 3月 | 4月 | 5月 | 6月 |
|---|---|---|---|---|---|
| いちがつ | にがつ | さんがつ | しがつ | ごがつ | ろくがつ |
| 7月 | 8月 | 9月 | 10月 | 11月 | 12月 |
| しちがつ | はちがつ | くがつ | じゅうがつ | じゅういちがつ | じゅうにがつ |

| | | 1日 | 2日 | 3日 | 4日 | 5日 |
|---|---|---|---|---|---|---|
| | | ついたち | ふつか | みっか | よっか | いつか |
| 6日 | 7日 | 8日 | 9日 | 10日 | 11日 | 12日 |
| むいか | なのか | ようか | ここのか | とおか | じゅういちにち | じゅうににち |
| 13日 | 14日 | 15日 | 16日 | 17日 | 18日 | 19日 |
| じゅうさんにち | じゅうよっか | じゅうごにち | じゅうろくにち | じゅうしちにち | じゅうはちにち | じゅうくにち |
| 20日 | 21日 | 22日 | 23日 | 24日 | 25日 | 26日 |
| はつか | にじゅういちにち | にじゅうににち | にじゅうさんにち | にじゅうよっか | にじゅうごにち | にじゅうろくにち |
| 27日 | 28日 | 29日 | 30日 | 31日 | | |
| にじゅうしちにち | にじゅうはちにち | にじゅうくにち | さんじゅうにち | さんじゅういちにち | | |

# 第3課
# 注文

### 重要ポイント
1. ～にする
2. 動詞の可能形
3. ～そうだ

##  ダイアローグ

Track 007

いらっしゃいませ!!

川野　何にしますか。この店は麺もスープも全部ここで作ってるんですよ。

ウ　へ～、そうなんですか。う～ん、ここのお勧めは何ですか。

川野　やっぱりみそラーメンですよ。麺の硬さも量も選べますよ。

ウ　そうなんですか。おいしそうですね。じゃ、それにします。全部普通で。

川野　すみません。みそラーメン2つください。
麺の硬さも量も普通で。

はい、少々お待ち下さい!!

ウ　あの、それからギョーザも1つください。

 語句
店(みせ) 가게
作(つく)る 만들다
麺の硬(かた)さ 면의 쫄깃함
普通(ふつう) 보통

麺(めん) 면
お勧(すす)め 권유, 추천
量(りょう) 량

全部(ぜんぶ) 전부
みそ 된장
選(えら)ぶ 고르다

## ● 重要表現

### 1　〜にする ：〜로 하(겠)다

- 今日は私、カレーにします。
- 川口さん、天ぷらうどんですか。じゃ、私も同じのにします。

### 2　動詞の可能形 ：〜할 수 있다〈가능〉

- この荷物、一人で全部持てますか。
- 日本の歌は歌えません。

### 3　〜そうだ ：〜인 것 같다, 〜해 보이다〈양태〉

- 具合悪そうですけど、大丈夫ですか。
- 新しい部長、ちょっと厳しそうな方ですよ。

---

**語句**　具合(ぐあい) 형편, 상태　　悪(わる)い 나쁘다　　大丈夫(だいじょうぶ)だ 괜찮다
　　　　新(あたら)しい 새롭다　　　部長(ぶちょう) 부장　　　厳(きび)しい 엄격하다
　　　　方(かた) 분

第3課 **注文**

## パターントレーニング

◉ 제시된 어구를 문장에 알맞게 변형하여 회화 연습을 해 봅시다.

Track 008

**1** A: この ❶ キムチラーメン はどのくらい ❷ 辛い ですか。

B: 普通ですよ。

A: そうですか。じゃあ、私はこれにします。
小川さんは何にしますか。

B: 私は ❸ しょうゆラーメン大盛り にします。

| ① レモネード | ② すっぱい | ③ メロンジュース |
| ① エスプレッソコーヒー | ② 苦い | ③ アメリカン |
| ① 和風ドレッシング | ② 甘い | ③ イタリアンドレッシング |

---

**語句**
辛(から)い 맵다
レモネード 레모네이드
和風(わふう) 일본풍(식)

しょうゆ 간장
すっぱい 시큼하다, 시다
甘(あま)い 달다

大盛(おおも)り 곱빼기
苦(にが)い 쓰다

**2** A: この ❶ケーキ、❷おいしそうですね。

B: そうですね。でもちょっとこれは……。

A: 大丈夫ですよ。これくらいは ❸食べられますよ。

B: そうですか。じゃ、行きましょう。

| | | |
|---|---|---|
| ① ジュース | ② 冷たい | ③ 飲む |
| ① キムチラーメン | ② 辛い | ③ 食べる |
| ① お酒 | ② アルコールが強い | ③ 飲む |

# フリートーキング

◉ 다음 상황에 맞게 역할극을 해 보고, 서로 상대역도 해 봅시다.

 당신은 패스트푸드점에 왔습니다. 햄버거와 치킨과 음료수 등을 B에게 주문해 주세요.

 당신은 패스트푸드점 점원입니다. A손님의 주문을 받으세요.

◯ 모범회화 예시문은 169쪽에

## Voca+

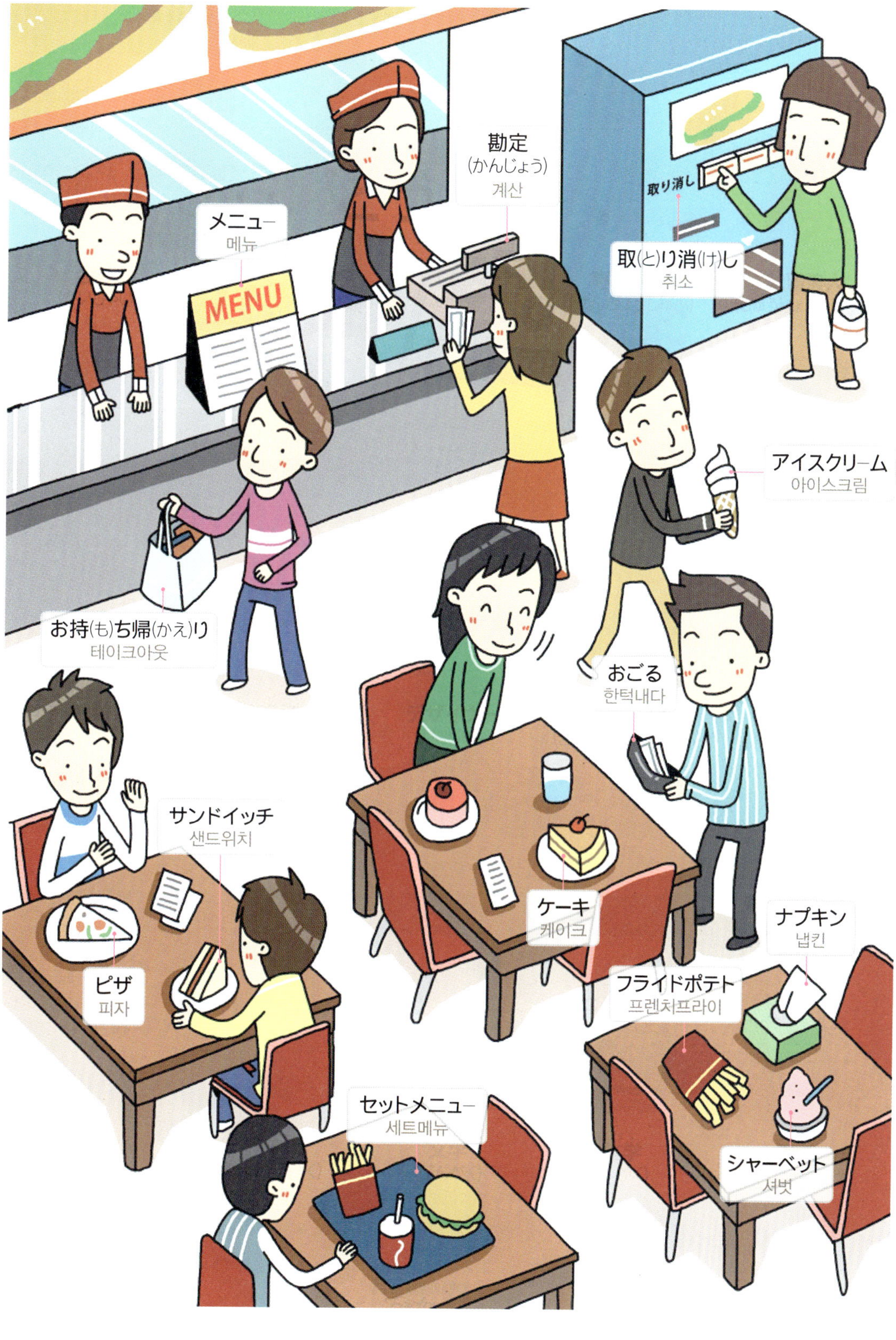

勘定(かんじょう)
계산
メニュー
메뉴
MENU
取り消し
取(と)り消(け)し
취소
アイスクリーム
아이스크림
お持(も)ち帰(かえ)り
테이크아웃
おごる
한턱내다
サンドイッチ
샌드위치
ピザ
피자
ケーキ
케이크
ナプキン
냅킨
フライドポテト
프렌치프라이
セットメニュー
세트메뉴
シャーベット
셔벗

# 日本文化

## 라면(ラーメン)

　전쟁이 끝나고 중국에서 돌아온 사람들이 중국라면을 일본에 가지고 돌아와서 문을 연 포장마차가, 값싼 재료로 영양도 풍부하고 맛도 좋았기 때문에 사람들에게 받아들여질 수 있었던 것이 일본 라면의 시초이다. 맛의 종류도 다양해 가게나 지역에 따라 맛이 크게 다르다. 라면은 면과 국물을 주축으로 하는 요리로 삶은 면과 돼지 뼈나 닭고기, 야채, 말린 멸치 등을 푹 끓여 국물 위에 건더기를 얹어 먹는다. 라면의 건더기는 삶은 돼지고기, 파, 숙주, 말린 죽순 등이 일반적이며 그 외에도 삶은 달걀이나 목이버섯, 옥수수 등 라면에 잘 어울리는 재료가 토핑으로 오른다. 면은 인스턴트 면이 아니라 생면으로 면의 종류에도 차이가 있다. 그래서 최근에는 전국의 라면을 한 자리에 모은 라면박물관도 생기는 등 라면은 일본의 음식문화에서 빠뜨릴 수 없는 존재가 되었다.

# 第4課
# ショッピング

### 重要ポイント
1. ～くなる
   ～になる
2. ～てみる
3. ～ば（よかった）

Track 010

パク　うわぁ〜、ショック〜!! 半額になってる!!

上田　えっ？いいじゃないですか。ちょっと見てみますか。

パク　いやですよ。だって、昨日ここでこれと同じ服を買ったんですよ。

上田　あら〜、そうなんですか。定価で？

パク　そうですよ。あ〜あ、今日まで待てばよかった。
　　　悔しいなぁ。

上田　元気出してくださいよ。
　　　えっと、今日が9000円だから、昨日は……あ〜。

語句　半額(はんがく) 반값(액)　　服(ふく) 옷(양복)　　定価(ていか) 정가
　　　悔(くや)しい 억울하다, 분하다　　元気(げんき)を出(だ)す 힘을 내다

## 重要表現

### 1 ～くなる/～になる ： ～(어)지다〈상태변화〉

- 来週からまた忙しくなります。
- もう、すっかり元気になりました。

### 2 ～てみる ： ～해 보다〈시도〉

- ちょっと着てみます。
- これ、食べてみてください。

### 3 ～ば(よかった) ： ～면 (좋았다)

- 子供の頃ちゃんと勉強すればよかった。
- やっぱり会議で自分の意見をきちんと言えばよかった。

---

**語句**

すっかり 완전히, 매우, 아주
頃(ころ) 쯤, 때
意見(いけん) 의견

着(き)る 입다
やっぱり 역시
きちんと 정확히, 깔끔히

子供(こども) 어린이
自分(じぶん) 자신

## パターントレーニング

◉ 제시된 어구를 문장에 알맞게 변형하여 회화 연습을 해 봅시다.

Track 011

**1** A: ニュースで明日から ❶梅雨だと言っていました。

B: そうですか。❷雨が降って、蒸し暑くなりますね。

A: ❸かさの忘れ物には気をつけたいですね。

B: そうですね。

① 大雪だ　　　② 電車が動かない　　　③ 防寒

① 真夏日だ　　② プールに行く人が多い　③ 熱中症

① 花粉が飛ぶ　② マスクが必要だ　　　③ くしゃみ

---

語句
梅雨(つゆ) 장마　　　　　　蒸(む)し暑(あつ)い 무덥다　　　かさ 우산
忘(わす)れ物(もの) 분실물　　大雪(おおゆき) 대설, 아주 많이 오는 눈　電車(でんしゃ) 전철
動(うご)く 움직이다, 이동하다　防寒(ぼうかん) 방한　　　　真夏日(まなつび) 한여름 날
熱中症(ねっちゅうしょう) 열사병　花粉(かふん) 꽃가루　　　　飛(と)ぶ 날다
くしゃみ 재채기

Track 012

**2** A: ちょっとこれを ①食べてみてください。

B: うーん。ちょっと ②辛いですね。

A: やっぱり。急いで適当に買ってしまったんです。

B: ③試食すればよかったですね。

| | | |
|---|---|---|
| ① 飲む | ② すっぱい | ③ お店の人に聞く |
| ① 着る | ② きつい | ③ 試着する |
| ① 使う | ② 書きづらい | ③ 試し書きをする |

---

**語句**
適当(てきとう) 적당　　　試食(ししょく) 시식　　　きつい 꼭끼다, 빽빽하다
試着(しちゃく) (옷을 살 때) 옷을 입어 봄　　　書(か)きづらい 쓰기 어렵다　　　試(ため)し書(が)き (시험 삼아서) 써보기

第4課 ショッピング | 39

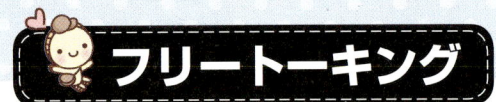

⊙ 다음 상황에 맞게 역할극을 해 보고, 서로 상대역도 해 봅시다.

 당신은 쇼핑몰에 왔습니다. 물건을 보며 마음에 드는 물건을 고르세요.

 당신은 가게점원입니다. 손님에게 물건을 권하세요.

◐ 모범회화 예시문은 171쪽에

# Voca+

レジ
금전출납 담당자
계산대

お札
(さつ)
지폐

小銭
(こぜに)
잔돈

現金
(げんきん)
현금

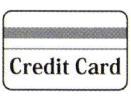
クレジットカード
신용카드

買(か)い物(もの)かご
쇼핑바구니

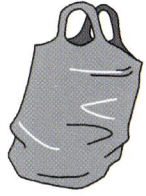
ビニール袋
(ぶくろ)
비닐봉지

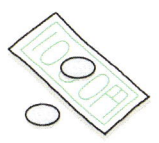
おつり
거스름돈

返品
(へんぴん)
반품

払(はら)い戻(もど)し
환불

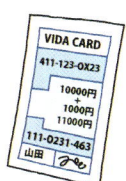
レシート
영수증

配達
(はいたつ)
배달

お徳用
(とくよう)
횡재상품

半額割引
(はんがくわりびき)
반액할인

目玉商品
(めだましょうひん)
특매품

# 日本文化

## 쇼핑센터

　일본의 쇼핑센터는 백화점이나 종합 슈퍼, 슈퍼마켓, 홈 센터(가정용 목공 재료나 잡화를 취급하는 대형 소매점), 할인점 등의 대형점, 의류나 잡화 등의 전문점, 레스토랑이나 카페 등의 음식점, 병원이나 호텔, 공공시설 등의 서비스 시설 등으로 구성되어 있다. 대형몰의 경우, 주차 공간을 확보해야 하기 때문에 전철역이나 시내에서 멀리 떨어진 교외나 지방에 많이 있다. 도심 사람들의 승하차가 많은 역은 역을 중심으로 해서 호텔이나 백화점과 함께 세워지는 경우가 많다. 이러한 일본 도심의 쇼핑몰은 관광지로도 인기가 있다.

# 第5課
# 交通

### 重要ポイント
1. ～てしまう
2. ～かもしれない
3. ～より

## ダイアローグ

Track 013

山口　あ〜、電車、行ってしまいましたね。

イ　　タクシーで帰りますか。

山口　でも、今日は金曜日ですから、難しいかもしれませんね。

イ　　そうですね。

山口　ん〜、あっ、健康ランドに泊まりますか。
　　　タクシーで帰るより安いですよ。

イ　　いいですね。じゃ、もう一杯飲みましょうか。

語句
難(むずか)しい 어렵다
泊(と)まる 묵다, 머무르다
健康(けんこう)ランド 24시간 영업하며 욕탕, 사우나, 휴게실 등이 갖추어져 있는 시설
一杯(いっぱい) 한잔

## 重要表現

### 1  ～てしまう[축약：～ちゃう] ：～해 버리다〈후회, 유감〉

- 寝坊してしまった。[寝坊しちゃった]
- 風邪をひいてしまった。[風邪をひいちゃった]

### 2  ～かもしれない ：～지도 모르다

- 少し遅れるかもしれません。
- 急げば間に合うかもしれません。

### 3  ～より ：～보다〈비교〉

- ソウルは東京より寒いです。
- 父は母より料理が上手です。

---

**語句**　寝坊(ねぼう) 늦잠을 잠. 잠꾸러기　　風邪(かぜ) 감기　　遅(おく)れる 늦다
間(ま)に合(あ)う 시간에 늦지 않게 대다　　上手(じょうず)だ 잘하다, 능숙하다

## パターントレーニング

⊙ 제시된 어구를 문장에 알맞게 변형하여 회화 연습을 해 봅시다.

**1** A: どうしたんですか。❶元気がないですね。

　　B: 実は❷プレゼンでミスをしてしまったんです。

　　A: そうですか。❸元気を出してくださいね。

　　B: はい。すみません。

① 顔が青い　　② かぜをひく　　③ 今夜はゆっくり休む

① すごい汗　　② 遅刻する　　　③ 次からは気をつける

① 目が赤い　　② 昨日、ふられて泣く　③ 元気を出す

---

 ミス 실수　　　　　　　　今夜(こんや) 오늘밤　　　　　汗(あせ) 땀
遅刻(ちこく) 지각　　　　　次(つぎ) 다음　　　　　　気(き)をつける 조심하다
ふられる (이성에게) 거절당하다, 차이다　　泣(な)く 울다

Track 015

**2** A: この ❶企画はちょっと ❷大変かもしれませんね。

B: うーん。でも ❸前の企画よりはいいでしょう。

A: それはそうですね。

B: もうちょっと考えましょう。

① カーテン　　　② 部屋に合わない　　③ 花柄

① 集合時間　　　② 早すぎる　　　　　③ 観光する時間がない

① ノートパソコン　② 画面が小さい　　　③ 重い

語句
企画(きかく) 기획　　　　大変(たいへん) 힘듦, 고생스러움　　部屋(へや) 방
合(あ)わない 어울리지 않다　花柄(はながら) 꽃무늬　　　　集合(しゅうごう) 집합
～すぎる 너무 ～하다　　　観光(かんこう) 관광　　　　　ノートパソコン 노트북
画面(がめん) 화면　　　　重(おも)い 무겁다

◉ 다음 상황에 맞게 역할극을 해 보고, 서로 상대역도 해 봅시다.

 당신은 관광안내소에 왔습니다. 지도를 보면서 목적지까지 가기 위해서는 어떤 교통수단이 좋은지 직원에게 물어보세요.

 당신은 관광안내소 직원입니다. A의 질문에 따라 안내해 주세요.

◯ 모범회화 예시문은 173쪽에

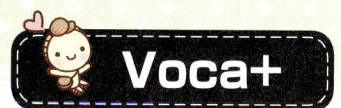

- **定期券**(ていきけん) 정기권
- **終電**(しゅうでん) 마지막 전철
- **乗**(の)**り換**(か)**える** 갈아타다
- **乗**(の)**り過**(す)**ごす** (하차역을) 지나치다
- **優先席**(ゆうせんせき) 노약자석
- **網棚**(あみだな) (기차, 전철 등의) 선반

# 日本文化

## 일본의 교통

일본의 공공 교통기관으로는 전철, 지하철, 버스(장거리 버스도 포함), 택시, 신칸센, 비행기가 있다. 교통 수단 중에서 한국과 가장 다른 것은 택시이다. 일본 택시는 승차 요금이 비싸고, 도로에서 좌측통행이므로 왼쪽 문만이 열린다. 게다가 자동문이므로 문이 열릴 때까지 기다려야만 한다. 일본은 택시 이외에도 교통 요금이 비싸다고 하지만 통학이나 통근과 같이 같은 경로를 자주 이용하는 경우에는 특별 할인이 적용되는 '정기권'이 있다. 정기권을 구입하면 일반적으로 표를 사는 것보다도 저렴하며, 매번 표를 사는 수고를 덜 수 있으므로 여행자가 일본에 오래 머무를 경우에는 이용하는 것도 좋을 것이다.

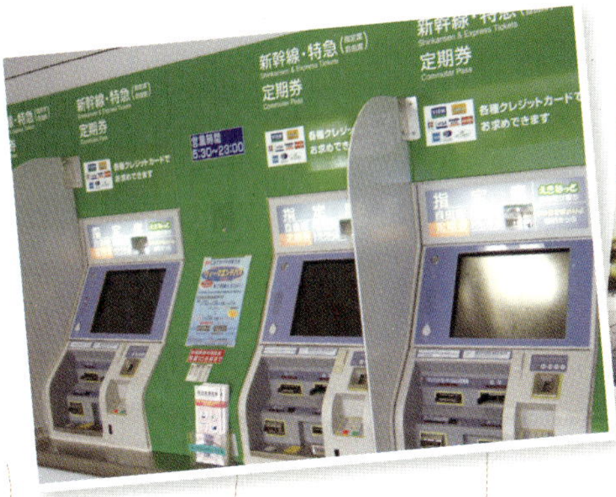

# 第6課
# 趣味

### 重要ポイント
1. ～がほしい
2. ～（動詞辞書形）のが
3. ～と

Track 016

パク　山口さん、これ、くれませんか。

山口　え？これがほしいんですか。タバコは入っていませんよ。

パク　だからいいんですよ。
　　　タバコのケースを集めるのが趣味なんです。

山口　へ～、面白いですか。

パク　はい。眺めていると、いろんなことを想像して楽しくなるんです。

山口　そうですか。あれ？パクさん、タバコ吸うんですか。

パク　いいえ、私は吸いませんよ。体によくないですから。

**語句**
集(あつ)める 모으다　　　趣味(しゅみ) 취미　　　面白(おもしろ)い 재미있다
眺(なが)める 바라보다　　想像(そうぞう) 상상　　　吸(す)う 들이마시다, 빨다
体(からだ) 몸

## 重要表現

**1** 〜がほしい : 〜을 갖고 싶다, 〜이 필요하다, 〜이 있었으면 좋겠다

- かわいいかばんがほしいです。
- 今一番時間がほしいです。

**2** 〜(動詞辞書形)のが : 〜(하)는 것이

- 地下鉄で本を読むのが好きです。
- 人前で話すのが苦手です。

**3** 〜と : 〜(하)면

- 本を読むと眠くなります。
- 掃除すると気持ちがいいです。

---

**語句**

一番(いちばん) 가장, 제일
苦手(にがて) 서투름, 잘하지 못함
気持(きも)ち 기분

地下鉄(ちかてつ) 지하철
眠(ねむ)い 졸리다

人前(ひとまえ) 사람 앞
掃除(そうじ) 청소

##  パターントレーニング

⊙ 제시된 어구를 문장에 알맞게 변형하여 회화 연습을 해 봅시다.

Track 017

**1** A: 何を見ているんですか。

　　B: 最近、❶ゴルフを始めたんです。

　　A: それで、❷スポーツ用品を見ていたんですね。

　　B: ええ。新しい❸クラブがほしいんです。

| ① つり | ② つり用具 | ③ つりざお |
| ① 習字 | ② 習字道具 | ③ 筆 |
| ① 水泳 | ② スポーツ用品 | ③ ゴーグル |

---

**語句**　最近(さいきん) 최근, 요즘　　用品(ようひん) 용품　　つり 낚시
用具(ようぐ) 용구　　つりざお 낚싯대　　習字(しゅうじ) 서예연습, 글쓰기 연습
道具(どうぐ) 도구　　筆(ふで) 붓

Track 018

**2** A: 週末には何をして過ごすんですか。

B: そうですね。もともと ❶料理をするのが好きなので、よくします。

A: そうですか。どんなところが好きなんですか。

B: ❷料理をすると、❸無心になれるんですよ。

① つり　　　　　　　　② 海を見ている　　　　③ リラックスできる
① サイクリングをするの　② 自転車で走る　　　　③ ゆっくり景色が楽しめる
① サッカーをするの　　　② 友だちとプレーをする　③ ストレスが解消できる

---

**語句**　無心(むしん)になる 마음을 비우게 되다　　自転車(じてんしゃ) 자전거　　景色(けしき) 경치
解消(かいしょう) 해소

⊙ 다음 상황에 맞게 역할극을 해 보고, 서로 상대역도 해 봅시다.

 상대방의 취미에 대해서 자세히 물어보세요.

 A의 질문에 답해 자신의 취미를 소개하세요.

◯ 모범회화 예시문은 175쪽에

テニス
테니스

サッカー
축구

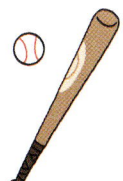
野球
(やきゅう)
야구

茶道
(さどう)
다도

生(い)け花(ばな)
꽃꽂이

書道
(しょどう)
서도, 서예

油絵
(あぶらえ)
유화

山登(やまのぼ)り
등산

英会話
(えいかいわ)
영어회화

映画鑑賞
(えいがかんしょう)
영화감상

スポーツジム
스포츠센터

パン作(づく)り
빵만들기

クッキー作(づく)り
쿠키만들기

刺(し)しゅう
자수

インターネット
인터넷

第6課 趣味 | 57

# 日本文化

## 오타쿠(オタク)

　세계로 확산되어 가는 오타쿠 문화. 오타쿠란 취미에 심취한 사람의 한 유형 또는 그 개인을 나타내는 말이다. 오타쿠의 기원은 정확하지 않다. 그러나 세상에 최초로 알려지게 된 것은 1983년에 작가 '나카모리 아키오(中森明夫)'가 쓴 『おたくの研究』라는 칼럼을 통해서이다. 강한 흥미와 관심을 갖는다는 점 때문에 오타쿠는 마니아, 학자와 별로 다르지 않다. 오타쿠라고 하면 대인관계에 문제가 있는 등 편견의 의미가 담긴 말이었지만, 요즘은 이 말이 일반화되어 자기를 자칭하거나 '오타쿠인 것이 자랑이다'라고 생각하는 사람도 존재한다.

# 第7課
# 旅行

### 重要ポイント
1. ～たり～たりする
2. ～ないでください
3. ～(ら)れる

# ダイアローグ

### 築地市場見学ツアー

係員　あ〜、そこの方、タバコを吸ったり、捨てたりしないでください。

ウ　　あ、怒られてますね。

係員　ちょっと、カートに乗らないでください。危ないですよ。

ウ　　あ〜、あそこでも注意されてますよ。

係員　魚には触らないでください。商品ですからね。

ウ　　ここでも言われてますね。でも、ちょっとかわいそうですね。

川野　そうですね。ルールをきちんと教えればいいんですよ。

ウ　　そうですよね。教えればわかるんだから。

**語句**　築地市場(つきじいちば) 일본 도쿄에 위치한 최대의 어시장　　係員(かかりいん) 담당자　　捨(す)てる 버리다
怒(おこ)る 화나다　　カート (쇼핑) 카트　　注意(ちゅうい)する 주의를 주다
触(さわ)る 만지다　　商品(しょうひん) 상품　　かわいそう 불쌍함, 가엾음
ルール 규칙　　きちんと 제대로, 정확히, 깔끔히

## ● 重要表現

### 1 ～たり～たりする ：～(하)거나 ～(하)거나 하다〈동시동작〉

- 昨日は掃除したり洗濯したりしました。
- 夏休みは旅行したりアルバイトしたりしたいです。

### 2 ～ないでください ：～지 마세요

- 絶対に忘れないでください。
- ゴミを捨てないでください。

### 3 ～(ら)れる ：수동표현

- 昨日部長にほめられました。
- 食事に誘われました。

---

**語句**
洗濯(せんたく) 세탁　　絶対(ぜったい) 절대　　忘(わす)れる 잊어버리다
ほめる 칭찬하다　　食事(しょくじ) 식사　　誘(さそ)う 청하다, 권하다

## パターントレーニング

⦿ 제시된 어구를 문장에 알맞게 변형하여 회화 연습을 해 봅시다.

**1** A: デートって、どんなことをすればいいんですかね。

B: 普通に、❶ご飯を食べたり、❷映画を見たりすればいいんじゃないですか。

A: もっと印象に残るようなことはありませんかね。

B: じゃあ、❸ベイクルーズはどうですか。

| ① ドライブをする | ② 美術館に行く | ③ バンジージャンプ |
| ① 海に行く | ② 山に行く | ③ 花火大会 |
| ① カラオケに行く | ② ボーリングをする | ③ スキー |

**語句**
印象(いんしょう) 인상　　残(のこ)る 남다　　ベイクルーズ 관광선 등으로 하는 선박 여행
美術館(びじゅつかん) 미술관　　バンジージャンプ 번지 점프　　花火大会(はなびたいかい) 불꽃놀이 대회

**2** A: ①美術館に行ったのですが、②怒られてしまいました。

B: 何て言われたんですか。

A: 「③写真を撮らないでください」って。

B: まあ、当然ですよね。

| ① 図書館 | ② 注意する | ③ お菓子を食べる |
| ① 山 | ② しかる | ③ ごみを捨てる |
| ① 遊園地 | ② 文句を言う | ③ 割り込む |

 語句
撮(と)る (사진을)찍다　　　当然(とうぜん) 당연　　　図書館(としょかん) 도서관
注意(ちゅうい) 주의　　　お菓子(かし) 과자　　　しかる 혼내다
捨(す)てる 버리다　　　遊園地(ゆうえんち) 유원지　　　文句(もんく)を言(い)う 불만을 말하다
割(わ)り込(こ)む 끼어들다, 새치기하다

第7課 旅行　63

◉ 다음 상황에 맞게 역할극을 해 보고, 서로 상대역도 해 봅시다.

 당신은 여행사에 왔습니다.
팜플렛을 보면서 어떤 일본여행을 할지 물어보고 정하세요.

 당신은 여행사 직원입니다.
A의 질문을 듣고 취향에 맞는 여행 코스를 소개해 주세요.

◯ 모범회화 예시문은 177쪽에

# Voca+

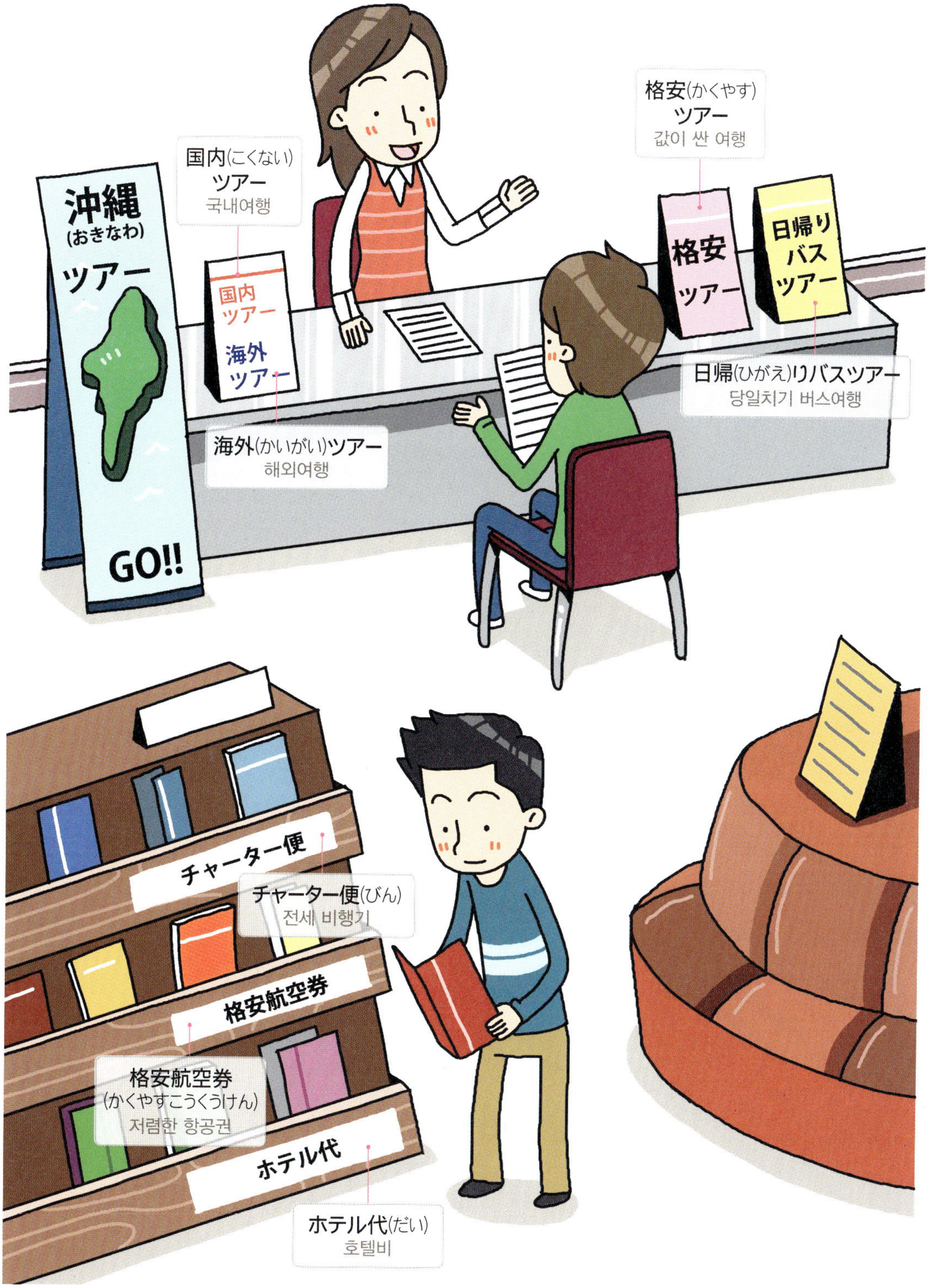

- 沖縄(おきなわ)ツアー
- 国内(こくない)ツアー 국내여행
- 海外(かいがい)ツアー 해외여행
- 格安(かくやす)ツアー 값이 싼 여행
- 日帰(ひがえ)りバスツアー 당일치기 버스여행
- チャーター便(びん) 전세 비행기
- 格安航空券(かくやすこうくうけん) 저렴한 항공권
- ホテル代(だい) 호텔비

- パッケージツアー 패키지여행
- オプションツアー 옵션여행
- 添乗員(てんじょういん) 수행원
- 免税店(めんぜいてん) 면세점
- 団体旅行(だんたいりょこう) 단체여행

# 日本文化

## 여행선물

　일본인의 선물문화 중에서 가장 빈번하게 주고 받는 것이 여행선물이라고 한다. 일본인에게 있어 '선물(土産)'은 아주 친숙한 것으로 국내여행, 해외여행 등 어디를 가더라도 선물을 산다. 가족이나 친한 친구뿐만 아니라 이웃이나 직장동료들에게까지 줄 선물을 산다. 여행을 즐기기는커녕 선물 사는 것에 온 정신을 쏟았다라고 하는 괴이한 상황도 발생한다. 일본 국내 테마파크나 온천, 고속도로 휴게소 등등 가는 곳마다 상자에 든 과자나 특산품 등을 볼 수 있을 것이다.

# 第8課
# 約束

### 重要ポイント
1. ～しませんか
2. ～しましょう
3. ～ながら

Track 022

パク 明日日本と韓国のサッカーの試合があるんですけど、いっしょに見ませんか。

山口 いいですね。どこで見ますか。

パク スポーツバーに行きましょう。いいところがあるんですよ。

山口 じゃ、ビールでも飲みながら応援しましょうか。

パク 負けませんよ〜。

山口 こっちこそ。待ち合わせはどうしますか。

パク ６時にこの駅の２番出口で会いましょう。
遅れないでくださいよ!!

山口 わかってますよ。じゃ、明日６時に。

語句
試合(しあい) 시합
応援(おうえん) 응원
出口(でぐち) 출구
スポーツバー 스포츠 바(스포츠 애호가들이 모여 음식을 먹으면서 스포츠 경기 중계를 즐기는 바)
負(ま)ける 지다
待(ま)ち合(あ)わせ 약속(만나는 장소)

## 重要表現

**1** 〜しませんか：〜지 않겠습니까?〈권유〉

- いっしょに食事しませんか。
- ドンチャンさんも来ませんか。

**2** 〜しましょう：〜합시다〈권유〉

- みんなで行きましょう。
- どこで食事しましょうか。

**3** 〜ながら：〜면서〈동시 진행〉

- 歩きながら話しましょう。
- 音楽を聞きながら勉強します。

---

語句　歩(ある)く 걷다　　　話(はな)す 얘기하다　　　音楽(おんがく) 음악

 パターントレーニング

⊙ 제시된 어구를 문장에 알맞게 변형하여 회화 연습을 해 봅시다.

Track 023

**1**  A: 明日は土曜日ですね。何をするんですか。

B: 実は❶見たい映画があるのですが、よかったらいっしょに❷行きませんか。

A: いいですね。その後で、❸食事もしませんか。

B: スケジュールは決まりましたね。じゃあ、明日3時に渋谷のハチ公前で会いましょう。

| ① 買いたいものがある | ② 行く | ③ 映画も見る |
| ① 車を買った | ② ドライブする | ③ カラオケも行く |
| ① コンサートのチケットがある | ② 行く | ③ 一杯飲む |

語句　ハチ公(こう) 주인이 죽은 후에도 매일 시부야역 앞에서 주인이 오기를 기다렸던 충견 하치

**2** A: 今からプレゼンの準備をしましょうか。

　　B: でも今から ❶会議なんです。

　　A: そうですか。じゃあ、どうしましょうか。

　　B: じゃあ、お昼休みに ❷ご飯を食べながら ❸話しましょう。

① 授業な　　　② 資料を見る　　　③ 考える
① 約束がある　② パソコンを操作する　③ 練習する
① 出かけるところな　② コピーをする　③ リハーサルをする

---

**語句**　昼休(ひるやす)み 점심시간　　考(かんが)える 생각하다　　操作(そうさ) 조작, (기계 등을) 다룸
　　　　～ところ ～할 참　　　　　　　出(で)かける 외출하다　　　　コピー 복사, 카피
　　　　リハーサル 리허설, 예행연습

⊙ 다음 상황에 맞게 역할극을 해 보고, 서로 상대역도 해 봅시다.

 당신은 B에게 전화를 걸어 다음 주 일요일에 있을 콘서트에 같이 가자고 하세요. 그리고 약속시간과 약속장소를 정하세요.

 당신은 A의 권유에 따라 주세요. 그리고 약속시간과 약속장소를 확인해 주세요.

◯ 모범회화 예시문은 179쪽에

テーマパーク
테마파크

演劇
(えんげき)
연극

映画
(えいが)
영화

新年会
(しんねんかい)
신년회

忘年会
(ぼうねんかい)
망년회

歓迎会
(かんげいかい)
환영회

バースデイ
パーティー
생일파티

会議
(かいぎ)
회의

チケット
티켓

ドライブ
드라이브

東口
(ひがしぐち)
동쪽 출구

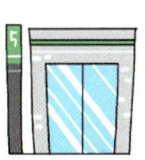
5番出口
(ごばんでぐち)
5번 출구

映画館(えいがかん)の前(まえ)
영화관 앞

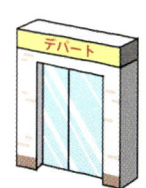
デパートの入(い)り口(ぐち)
백화점 입구

書店(しょてん)
本屋(ほんや)
서점

# 日本文化

## 약속시간

'시간에 늦지 않는 것'은 옛날이나 지금이나 변하지 않는 사회의 기본적인 규칙이다. 특히 비즈니스의 경우 '늦는 것이 싫으면 가능한 한 빨리 가는 것이 좋지 않을까'라고 생각하는 사람도 있을 것이다. 그러나 상대방도 만날 준비가 필요할 수도 있고, 먼저 온 손님이 있을지도 모른다. 그렇기 때문에 너무 이른 도착은 상대방에게 폐가 되기도 한다. 약속 시간 5분 전쯤에 상대방 회사 입구에 들어가는 것이 좋다. 만일 전철이 지연되거나, 컨디션이 좋지 않음 등의 문제로 늦어질 경우에는 반드시 약속 시간 전까지 상대방에게 전화 연락을 하는 것이 상식이다.

# 第9課
# パソコンとゲーム

### 重要ポイント
1. ～(さ)せる
2. ～たい
3. ～すぎだ

## ダイアローグ

Track 025

上田　話って何ですか。

パク　彼のオンラインゲームをやめさせたいんですけど、何かいい方法はないでしょうか。

上田　オンラインゲームですか……。そんなにひどいんですか？

パク　はい。ゲームのやりすぎで頭が痛いって言うんです。

上田　は～、それは困りましたね。で、お仕事のほうは？

パク　最近行ってません。

上田　ん～、何でもやりすぎはいけませんね。

パク　はい。ご飯も食べないんですよ。どうすればいいか……。

語句　彼(かれ) 남자친구, 그 남자　　オンラインゲーム 온라인 게임　　やめる 그만두다
　　　方法(ほうほう) 방법　　　　　　ひどい 심하다　　　　　　　　　やりすぎ 지나치게 함
　　　困(こま)る 곤란하다

## 重要表現

**1** 　～(さ)せる ：～(하)게 하다〈사동표현〉

- 私は息子を英語の塾に通わせます。
- 部長は私に残業をさせます。

**2** 　～たい ：～고 싶다〈희망〉

- アイドルに会いたいです。
- 日本語が上手になりたいです。

**3** 　～すぎだ ：너무 ～하다

- 頭が痛い？ 飲みすぎですよ。
- 働きすぎですね。ゆっくり休んでください。

---

**語句**
息子(むすこ) 아들　　　塾(じゅく) (입시)학원　　　通(かよ)う 다니다
飲(の)みすぎ 과음　　　働(はたら)きすぎ 일을 너무함

## パターントレーニング

⊙ 제시된 어구를 문장에 알맞게 변형하여 회화 연습을 해 봅시다.

**1** A: 息子のことなんですが、❶塾に行かせたいんです。

　　B: でも無理に❷行かせるのはよくありませんよ。

　　A: でも、もっと❸勉強させたいんです。

　　B: 何がいい方法なのか、もう少し考えてみましょう。

| ① アメリカに留学する | ② 留学する | ③ 英語を勉強する |
| ① もっとごはんを食べる | ② 食べる | ③ 太る |
| ① バイオリンを習う | ② 習う | ③ 感性を磨く |

---

**語句**

無理(むり) 무리　　　　もう少(すこ)し 조금 더　　　　留学(りゅうがく) 유학
太(ふと)る 살찌다　　　バイオリン 바이올린　　　　　習(なら)う 배우다
感性(かんせい) 감성　　磨(みが)く 닦다

**Track 027**

**2** A: どこか具合が悪いんですか。

B: 実は昨日 ①飲み会で無理をしてしまって、ちょっと②頭が痛いんです。

A: そうですか。 ③飲みすぎは体によくありませんよ。

B: そうですよね。気をつけます。

| ① 食べ放題 | ② おなか | ③ 食べる |
| ① 仕事 | ② 目 | ③ 働く |
| ① 山登り | ② 足 | ③ がんばる |

---

**語句**　具合(ぐあい) 형편, 상태　　　　　　　　　　気(き)をつける 조심하다, 주의하다, 정신차리다
　　　　 ～放題(ほうだい) ～하고 싶은 대로 함, 실컷 ～함　　働(はたら)く 일하다

第9課　パソコンとゲーム　79

◉ 다음 상황에 맞게 역할극을 해 보고, 서로 상대역도 해 봅시다.

 B에게 애인한테 사용하게 하고 싶은 PC 관련의 물건이나 활동(아이팟·블로그·트위터 등)에 대해 물어 보세요.

 A의 질문에 답해 주세요.

◎ 모범회화 예시문은 181쪽에

## Voca+

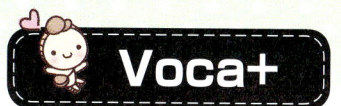

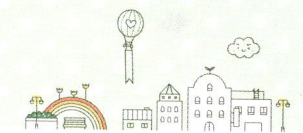

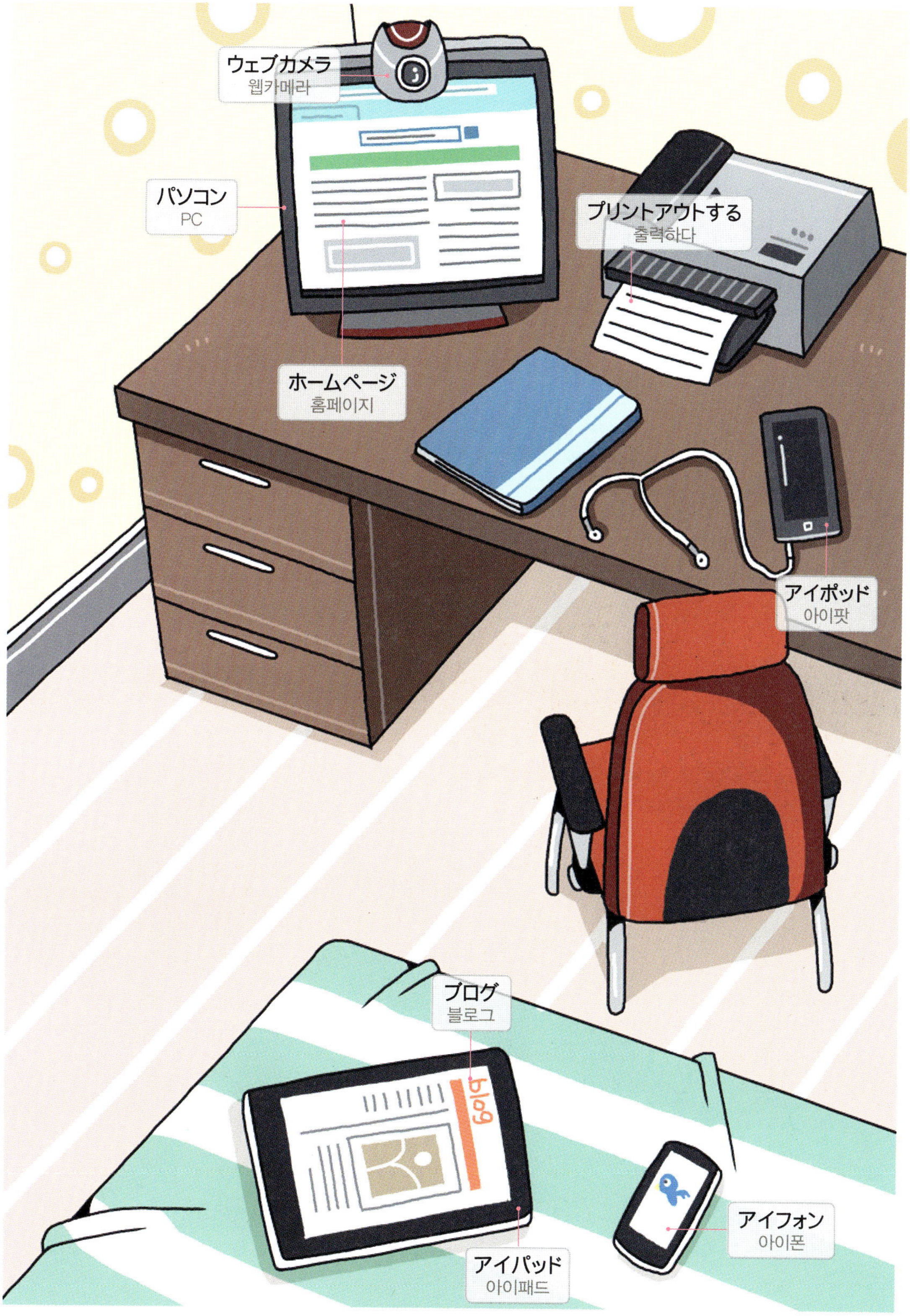

ウェブカメラ
웹카메라
パソコン
PC
プリントアウトする
출력하다
ホームページ
홈페이지
アイポッド
아이팟
ブログ
블로그
blog
アイフォン
아이폰
アイパッド
아이패드

# 日本文化

## PC와 게임

　한 가정에 한 대의 PC가 있는 시대가 된 요즘, PC를 어떤 일에 사용하는 것일까? 일 이외에 주로 여러 가지를 검색하거나, 메일을 주고 받거나, 취미로 오락을 하는 등 사람마다 제각각이다.

최근에는 온라인 게임을 하는 사람이 증가하고 있다. DS, Wii, PSP, PS3, Xbox360 등에서 부터 다양한 휴대용 컨텐츠 게임까지 컴퓨터 게임은 젊은층뿐만 아니라 가족 모두가 즐길 수 있는 엔터테인먼트로서 정착하게 되었다.

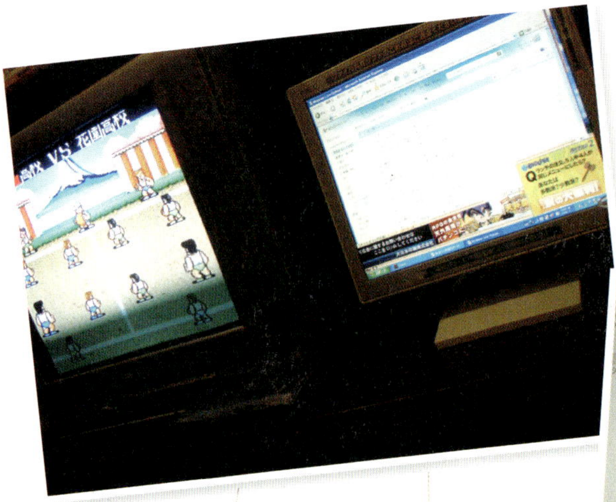

# 第10課
# 総合会話練習

1. あなたはどんな仕事がしたいですか。
   または、どんな仕事に転職したいですか。それはどうしてですか。

2. あなたにも何らかの『記念日』があると思いますが、それは何月何日ですか。
   どんな記念日で、毎年何かしていますか。

3. 日本の食べ物の中で、「おいしそう」「食べてみたい」というものはありますか。

4. 買い物で、「～すればよかった」「～しなければよかった」ということはありますか。

5. 交通手段の中から2つを選んで比較して、どちらがいいか話してください。
   その理由も教えてください。

6. 子供の頃、趣味で何かを集めていましたか。

7. 旅行に行きたくなるのは、どんな時ですか。
   そんな時、どこへ行きたいですか。

8. あなたが待ち合わせ場所としてよく利用する場所を教えてください。
   その時、何かをしながら待ちますか。

9. あなたは将来、自分の子供にどんなことをさせたいですか(趣味やスポーツなど)。

10. 海外旅行に行って、どんなことがしてみたいですか。

# 第11課
# プレゼント

### 重要ポイント
1. ～てくれる
2. ～(よ)うと思う
3. ～てある

# ダイアローグ

Track 028

パク　え？ご両親へのプレゼントですか。

山口　はい。私のことをいつも心配してくれるし、もうすぐ両親の結婚記念日なんです。

パク　そうですか。それで何かプレゼントしようと思ってるんですね。もう準備してあるんですか。

山口　いえ、まだなんですけど、温泉旅行をプレゼントしようかと思ってるんです。

パク　それはご両親もきっと喜びますよ。

山口　そうですよね。喜んでくれますよね。
　　　じゃ、旅行にしよう!!

パク　私も両親には感謝しているんですけどね。
　　　今年は何か考えようかな。

**語句**　両親(りょうしん) 양친(부모님)　　心配(しんぱい) 걱정　　結婚(けっこん) 결혼
　　　　記念日(きねんび) 기념일　　　　　　きっと 꼭, 반드시　　　喜(よろこ)ぶ 기쁘다
　　　　感謝(かんしゃ) 감사　　　　　　　　今年(ことし) 금년, 올해

## ● 重要表現

**1** 〜てくれる : 〜해 주다

- 私が病気の時、お見舞いに来てくれました。
- 今日は手伝ってくれて、ありがとうございます。

**2** 〜(よ)うと思う : 〜(려)고 생각하다

- これからも一生懸命頑張ろうと思います。
- 今日は早く帰って、休もうと思います。

**3** 〜てある : 〜어 있다

- もう予約はしてありますか。
- あれ？この本、だれのですかね。
  あっ、ここに名前が書いてありますよ。

---

**語句**
病気(びょうき) 병　　お見舞(みま)い 병문안　　手伝(てつだ)う 도와주다
一生懸命(いっしょうけんめい) 열심임　　頑張(がんば)る 힘내다　　予約(よやく) 예약

## パターントレーニング

◉ 제시된 어구를 문장에 알맞게 변형하여 회화 연습을 해 봅시다.

**1** A: 先週、①誕生日だったんです。

　B: じゃあ、周りの人がいろいろしてくれたんじゃないですか。

　A: ええ。友達が②食事をおごってくれました。

　B: ③食事ですか。それはよかったですね。

| | | |
|---|---|---|
| ① 卒業式 | ② アルバムを作る | ③ アルバム |
| ① サッカーの大会 | ② 審判をする | ③ 審判 |
| ① 風邪気味 | ② おかゆを作る | ③ おかゆ |

---

**語句**　誕生日(たんじょうび) 생일　　周(まわり) 주위　　卒業式(そつぎょうしき) 졸업식
アルバム 앨범　　大会(たいかい) 대회　　審判(しんぱん) 심판
風邪気味(かぜぎみ) 감기기운　　おかゆ 죽

**2** A: 来週、❶旅行に行こうと思っています。

B: ❷なかなか予約が難しいんじゃないですか。

A: そう思って、もう❸予約を取ってあります。

B: さすが、準備がいいですね。

| | | |
|---|---|---|
| ① キャンプに行く | ② 準備が大変な | ③ 道具を買う |
| ① 忘年会をする | ② 場所がない | ③ おさえる |
| ① 同窓会をする | ② 人が集まらない | ③ 声をかける |

---

**語句**　おさえる 준비해 두다　　同窓会(どうそうかい) 동창회　　集(あつ)まる 모이다
　　　　声(こえ) 목소리

⦿ 다음 상황에 맞게 역할극을 해 보고, 서로 상대역도 해 봅시다.

 당신은 친구 C(또는 그 가족)에게 보내는 선물로 무엇이 좋을지 친구 B와 상의하세요.

 친구 A의 이야기를 듣고 C에게 보내는 선물로 무엇이 좋을지 생각하세요.

◎ 모범회화 예시문은 183쪽에

ベルト
벨트
マフラー
목도리
帽子(ぼうし)
모자
キーホルダー
키홀더
財布(さいふ)
지갑
ネクタイ
넥타이
かばん
가방
本(ほん)
책
花束(はなたば)
꽃다발
スカーフ
스카프
ネックレス
목걸이
指輪(ゆびわ)
반지

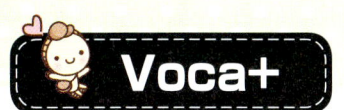

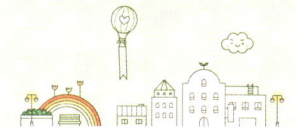

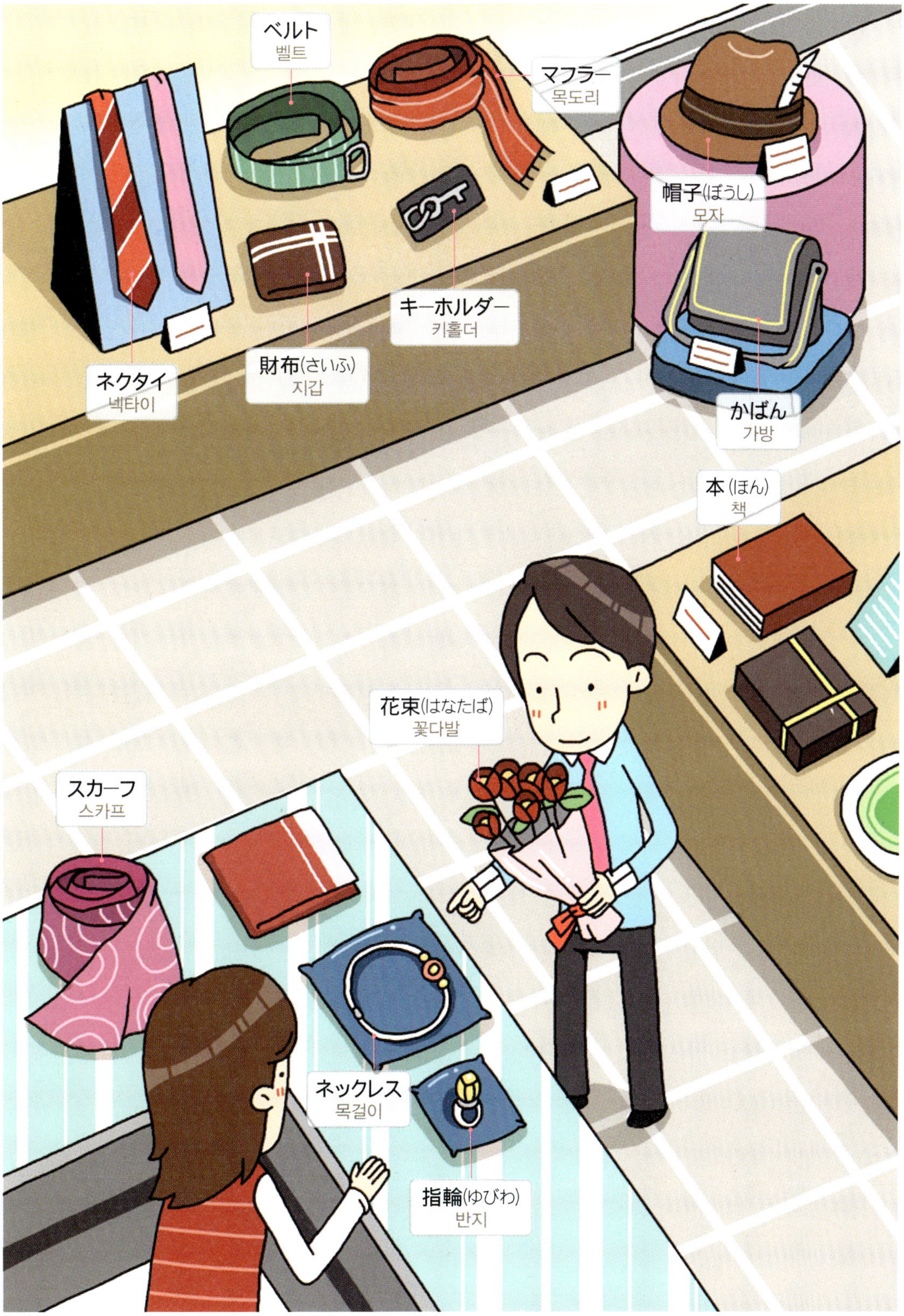

# 日本文化

## 전별(餞別)
せんべつ

　전별이란 먼 곳으로 여행하는 사람이나 이사, 전임 등을 가는 사람에게 이별의 표시로써 금품을 보내는 것이다.

| | |
|---|---|
| 상사, 동료가 장기 해외출장이나 해외연수를 가는 경우 | 그룹으로 전별을 건네준다.<br>예산은 한 명 5천엔 정도.<br>특히 친한 경우는 개인적으로 1만엔 정도. |
| 상사, 동료가 전근으로 먼 곳에 가는 경우 | 사내의 규칙이 있으면 그에 따르지만, 특히 친했던 경우 등은 개인적으로 1~2만엔을 따로 건네준다. |
| 친한 친구가 해외 유학 가는 경우 | 1~2만엔 정도 건네주는 것 외에 해외에서 좋아할만한 것을 선물하는 것도 좋다.<br>큰 것은 우편으로 보낸다. |
| 은혼식 기념 등으로 부모님이 여행 가시는 경우 | 비록 국내라도 1~2만엔의 전별을 드린다. |

# 第12課
## 大学生の日課

### 重要ポイント
1. ～てから～する
2. ～するようにする
3. ～なければならない
　～ないといけない

Track 031

川野　あれ？今日は早いですね。どうかしたんですか。

ウ　　それが、パソコンが壊れて大変なんですよ。

川野　パソコン？そんなに大変ですか。

ウ　　だって、毎朝必ずメールチェックしてから大学に来てましたからね。

川野　そうか、大事な連絡はメールが多いですからね。

ウ　　どんなに忙しくてもメールだけはチェックするようにしていたんです。

川野　で、どうするんですか、明日は。

ウ　　また早く来なければなりませんよ。
　　　新しいパソコン、買わないといけないかな……。

語句　壊(こわ)れる 고장나다, 부서지다　　毎朝(まいあさ) 매일 아침　　大事(だいじ) 중요함
　　　連絡(れんらく) 연락

## 重要表現

### 1  ～てから～する ：～(하)고 나서 ～하다

- 毎晩シャワーを浴びてから寝ます。
- 必ずノックしてから入ってください。

### 2  ～するようにする ：～하도록 하다

- 人の話は最後まで聞くようにしています。
- 9時までに来るようにしてください。

### 3  ～なければならない/～ないといけない ：
～하지 않으면 안 된다, ～해야 한다〈의무〉

- 自分のことは自分でしなければなりません。
- 上司にきちんと報告しなければなりません。

---

語句　毎晩(まいばん) 매일 밤　　シャワーを浴(あ)びる 샤워를 하다　　必(かなら)ず 반드시
　　　最後(さいご) 최후, 마지막　　上司(じょうし) 상사　　報告(ほうこく) 보고

## パターントレーニング

◉ 제시된 어구를 문장에 알맞게 변형하여 회화 연습을 해 봅시다.

**1** A: どうしてこういう ❶ミスが起きたんですか。

B: ❷よく確認をしないで、資料を作ってしまったんです。

A: これからはよく ❸確認してから、資料を作るようにしてください。

B: はい。すみませんでした。

① トラブル　　　　　　　　　② 注意を聞かないで、作業を始める
③ 注意を聞いてから、作業をする

① 問題　　　　　　　　　　　② 状況がわからないまま、企画を進める
③ 状況を把握してから、企画を進める

① クレーム　　　　　　　　　② メールをよく読まないで、対応する
③ メールを読んでから、対応する

---

 語句

起(お)きる 일어나다, 생기다　　　確認(かくにん) 확인　　　　資料(しりょう) 자료
トラブル 트러블　　　　　　　　注意(ちゅうい) 주의　　　　作業(さぎょう) 작업
進(すす)める 진행하다　　　　　状況(じょうきょう) 상황　　把握(はあく) 파악
クレーム 클레임　　　　　　　　対応(たいおう) 대응

Track 033

**2** A: 今夜、いっしょに ❶食事に行きませんか。

B: すみません。❷今日は父の誕生パーティーがあって、❸早く帰らないといけないんです。

A: そうですか。残念ですね。

B: また誘ってください。

① 映画　　　　　② 宿題　　　　　③ 図書館に行く
① カラオケ　　　② 約束　　　　　③ 6時に渋谷に行く
① ドライブ　　　② 門限　　　　　③ 10時までに家に帰る

---

**語句**　今夜(こんや) 오늘밤　　　残念(ざんねん) 유감스러움, 아쉬움　　　宿題(しゅくだい) 숙제
渋谷(しぶや) 시부야(지명)　　門限(もんげん) 폐문 시각. 밤에 외출했다가 돌아와야 할 시간.

第12課 大学生の日課

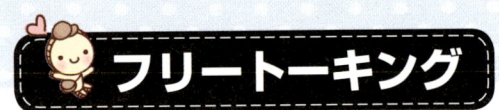

◉ 다음 상황에 맞게 역할극을 해 보고, 서로 상대역도 해 봅시다.

 당신은 대학생입니다. 대학생 친구인 B한테 일과를 물어보세요.

 당신은 대학생입니다. 대학생 친구인 A의 질문을 듣고 일과를 말해 주세요.

◉ 모범회화 예시문은 185쪽에

図書館 (としょかん) 도서관
学食 (がくしょく) 학교식당
キャンパス 캠퍼스
講義室 (こうぎしつ) 강의실
学生会館 (がくせいかいかん) 학생회관
教授 (きょうじゅ) 교수님
掲示板 (けいじばん) 게시판

- 受講 (じゅこう) 수강
- 履修登録 (りしゅうとうろく) 수강신청
- 単位 (たんい) 학점
- 学割 (がくわり) 학생할인
- 学費 (がくひ) 학비
- 学士 (がくし) 학사
- 修士 (しゅうし) 석사
- 女子大 (じょしだい) 여자대학
- 短大 (たんだい) 단기대학
- 家庭教師 (かていきょうし) 가정교사
- アルバイト 아르바이트
- 塾 (じゅく) 학원

## 대학입시

　일본의 대학 입시는 크게 추천입시, AO(Admissions Office)입시, 일반입시로 나눌 수 있다. 국립대학의 일반입시는 원칙적으로 센터시험(우리나라의 '수능시험'에 해당)이 필수이다. 센터시험 과목은 5교과 7과목(국어, 외국어, 수학(1), 수학(2) 및 지리 역사, 공민, 이과에서 3 과목)인 경우가 많다. 센터시험은 1월 셋째 주 토요일, 일요일(1월 13일 이후 최초의 토요일 및 다음날의 일요일)에 실시된다. 동시에 대학이 자체적으로 출제한 2차 시험이 실시된다. 센터시험과 2차 시험 등의 합계로 합격자가 결정되며 이 시험에 합격하기 위해 일본의 고등학교 3 학년 학생과 재수생은 열심히 공부한다.

# 第13課
# 社会人の日課

### 重要ポイント
1. ～だけだ
2. ～たらどうですか
   ～たらいかがですか
3. ～ようになる

## ダイアログ

Track 034

上田　あれ？あまり食べませんね。

山口　はい、最近食欲がないんですよ。ストレスですかね。

上田　ん～……かもしれませんね。仕事の後いつも何をしてますか。

山口　帰ってご飯を食べて、ちょっとテレビを見て、お風呂に入って寝るだけです。

上田　あ～、少し生活のリズムを変えてみたらどうですか。

山口　リズムですか。

上田　私は仕事の後、水泳をしてるんです。かなり泳げるようになって、楽しいですよ。

山口　なるほど、日課を作るということか……。

 語句
昼(ひる)ご飯(はん) 점심식사　　食欲(しょくよく) 식욕　　生活(せいかつ) 생활
リズム 리듬　　　　　　　　変(か)える 바꾸다　　　泳(およ)ぐ 헤엄치다
なるほど 과연, 정말　　　　日課(にっか) 일과

## ● 重要表現

### 1 〜(動詞辞書形)だけだ ： 〜뿐(만)이다〈한정〉

- デパートではいつも見るだけです。
- すぐ食べられますよ。レンジでチンするだけですから。

### 2 〜たらどうですか/〜たらいかがですか ：
〜하면 어떻습니까?, 〜하면 어떠십니까?

- メールアドレスを変えたらどうですか。
- 他の人の意見も聞いてみたらいかがですか。

### 3 〜ようになる ： 〜(하)게 되다

- たくさん漢字が読めるようになりました。
- (かぜが治って)だいぶ声が出るようになりました。

---

**語句**
- レンジでチンする 전자레인지에 데우다
- 治(なお)る 고치다, 낫다
- 意見(いけん) 의견
- だいぶ 상당히, 꽤
- 漢字(かんじ) 한자

# パターントレーニング

◉ 제시된 어구를 문장에 알맞게 변형하여 회화 연습을 해 봅시다.

 Track 035

**1** A: この ❶プリン、おいしいですね。どうやって作ったんですか。

B: ❷卵を混ぜて、焼くだけですよ。

A: 本当ですか。❸焼くだけで作れるんですか。

B: 簡単なので、ぜひ作ってみてください。

| | | |
|---|---|---|
| ① 牛丼 | ② 牛肉とたまねぎを煮る | ③ 煮る |
| ① イチゴジュース | ② イチゴをミキサーにかける | ③ ミキサーにかける |
| ① ドレッシング | ② しょうゆと酢と砂糖を混ぜる | ③ 混ぜる |

---

**語句**
プリン 푸딩(디저트용의 말랑말랑한 서양식 생과자)
焼(や)く 굽다
牛丼(ぎゅうどん) 소고기덮밥
ミキサーにかける 믹서에 갈다
卵(たまご) 계란
簡単(かんたん) 간단
牛肉(ぎゅうにく) 소고기
酢(す) 식초
混(ま)ぜる 섞다
ぜひ 꼭
煮(に)る 삶다,끓이다
砂糖(さとう) 설탕

**2** A: 最近、運動不足で……。

B: それはいけませんね。

❶ ヨガを習ってみたらどうですか。

A: ❷ 関節が痛くありませんか。

B: そうでもありませんよ。すぐに ❸ いろいろなポーズができるようになります。

| ① ジョギングをしてみる | ② つらい | ③ 長く走れる |
| ① ゴルフを始める | ② 難しい | ③ コースが回れる |
| ① 山登りをしてみる | ② こわい | ③ 山頂まで行ける |

**語句**
運動不足(うんどうぶそく) 운동부족　　関節(かんせつ) 관절　　ポーズ 포즈, 자세
つらい 힘들다, 괴롭다　　走(はし)る 달리다　　回(まわ)る 돌다
怖(こわ)い 무섭다　　山頂(さんちょう) 산 정상

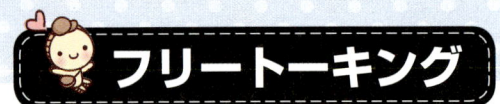

◉ 다음 상황에 맞게 역할극을 해 보고, 서로 상대역도 해 봅시다.

 당신은 사회인입니다. 사회인 친구 B에게 일과를 물어보세요.

 당신은 사회인입니다. 사회인 친구 A의 질문을 듣고 일과를 말해 주세요.

◯ 모범회화 예시문은 187쪽에

|  |  |  |  |  |
|---|---|---|---|---|
| 出勤<br>(しゅっきん)<br>출근 | 遅刻<br>(ちこく)<br>지각 | タイムカード<br>타임카드<br>출퇴근카드 | 事務室<br>(じむしつ)<br>사무실 | 上司<br>(じょうし)<br>상사 |

| 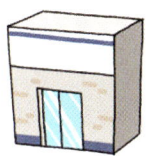 |  |  |  |  |
|---|---|---|---|---|
| 社員食堂<br>(しゃいんしょくどう)<br>사원식당 | 喫煙室<br>(きつえんしつ)<br>흡연실 | 禁煙室<br>(きんえんしつ)<br>금연실 | 給料<br>(きゅうりょう)<br>급료 | 給料日<br>(きゅうりょうび)<br>월급날 |

|  |  |  |  |  |
|---|---|---|---|---|
| プレゼン<br>프레젠테이션 | 会議<br>(かいぎ)<br>회의 | 残業<br>(ざんぎょう)<br>잔업 | 取引先<br>(とりひきさき)<br>거래처 | 契約<br>(けいやく)<br>계약 |

## 사회인 회식 매너

① 상사나 선배가 회식에 가자고 하면, 무리가 없는 범위에서 흔쾌하게 어울린다.
② 식사나 음료가 전원에게 돌아가는 지 배려한다.
③ 화제나 분위기를 만드는 데 유의한다.
④ 술을 마실 수 없는 사람에게는 무리하게 술을 권하지 않는다.
⑤ 마시지 못하는 사람도, 술을 따르면 웃는 얼굴로 형식적으로 입을 댈 정도로는 한다.
⑥ 남녀에 관계없이 술을 따른다. 술을 따를 때에는 반드시 직급순서를 지킨다.
⑦ 상사가 술을 따라주면 기분 좋게 '감사합니다. 잘 먹겠습니다.' 라고 답례를 한다.
⑧ 계산은 더치페이가 기본. 대접을 받았으면 다음 번에 지불하는 등 대등한 관계가 되도록 한다.
⑨ 헤어질 때의 인사와 회식 다음날 회사에서의 인사도 잊지 않는다.

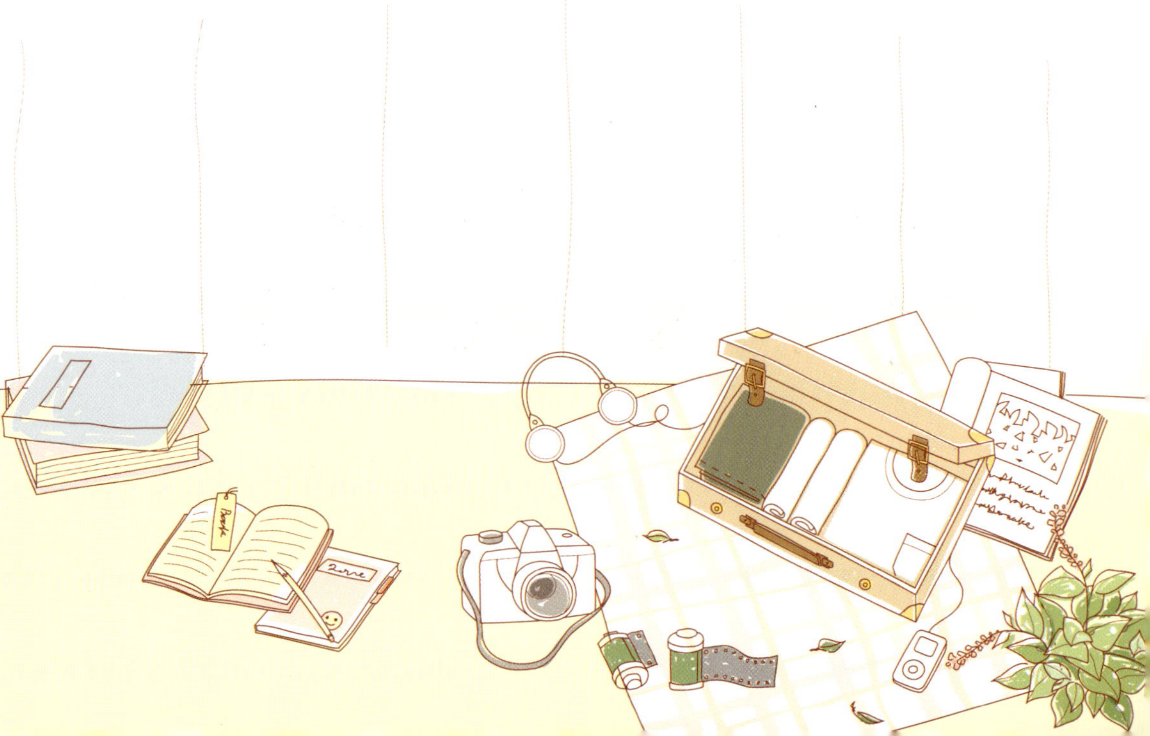

# 第14課
## 依頼

### 重要ポイント

1. ～ていただけないでしょうか
   ～ていただけませんか
2. ～したことが[は]ある
3. ～予定だ

## ダイアローグ

Track 037

パク　もしもし、パクですけど、今ちょっとよろしいですか。

上田　ああ、パクさん。いいですよ。何ですか。

パク　実は、お願いがあってお電話したんですが……。

上田　はい。

パク　明日から急に出張になったんですが、うちのモモちゃんを預かっていただけないでしょうか。

上田　モモちゃん？

パク　はい、猫のモモちゃんです。

上田　え〜っ、私、猫なんて飼ったことないですよ。

パク　あさって戻る予定なんです。なんとかお願いできませんか。

上田　ん〜、わかりました。じゃ、今から連れて来てください。

パク　本当ですか!! 助かります。ありがとうございます。
　　　お土産買ってきます!!

語句　預(あず)かる 맡다　　飼(か)う 기르다　　予定(よてい) 예정
　　　連(つ)れる 데리고 가다, 동행하다　　助(たす)かる 도움이 되다, 살아나다　　お土産(みやげ) 선물

## 重要表現

**1** 〜ていただけないでしょうか／〜ていただけませんか：
〜해 주시지 않겠습니까?

- 山田さんが来たら、教えていただけないでしょうか。
- すみません、この文章を一度チェックしていただけませんか。

**2** 〜したことが[は]ある：〜한 적이[은] 있다〈경험〉

- 日本へ留学したことがあります。
- 日本語でプレゼンをしたことがありますか。

**3** 〜予定だ：〜예정이다

- 3時に会う予定です。
- 午後は会議の予定です。

---

**語句**　教(おし)える 가르치다　　文章(ぶんしょう) 문장　　一度(いちど) 한번
　　　　 予定(よてい) 예정　　　　 午後(ごご) 오후

# パターントレーニング

⊙ 제시된 어구를 문장에 알맞게 변형하여 회화 연습을 해 봅시다.

Track 038

**1** A: 今ちょっとよろしいですか。

B: いいですよ。何ですか。

A: ❶契約書を書いたのですが、❷見ていただけないでしょうか。

B: わかりました。❸明日の朝まででいいですか。

① レポート　　　② チェックする　　　③ 今日の6時
① 履歴書　　　　② 目を通す　　　　　③ 明日のお昼
① 企画案　　　　② 直す　　　　　　　③ 今日の退社

語句　履歴書(りれきしょ) 이력서　　　目(め)を通(とお)す 훑어보다　　　退社(たいしゃ) 퇴근, 퇴사

Track 039

**2** A: ①ハワイに行くそうですね。

B: はい。②お盆休みに行く予定です。

A: いいですね。

B: ③海外旅行をしたことがないので緊張しています。

① お見合いをする　　② 今週の土曜日にする　　③ あまり女性と話す
① 大阪に行く　　　　② 冬休みに行く　　　　　③ 大阪には行く
① アメリカに出張する　② 来週行く　　　　　　　③ 英語でプレゼンをする

---

**語句**　お盆休(ぼんやす)み 음력 7월 보름의 휴가　　緊張(きんちょう) 긴장　　お見合(みあ)い 맞선
女性(じょせい) 여성　　冬休(ふゆやす)み 겨울방학

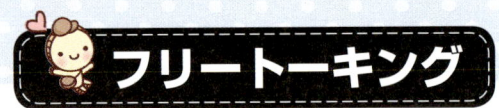

◉ 다음 상황에 맞게 역할극을 해 보고, 서로 상대역도 해 봅시다.

 당신은 B에게 무엇이든지 좋으니까 부탁을 해 보세요.

 A의 부탁을 듣고 응해 주세요.

◐ 모범회화 예시문은 189쪽에

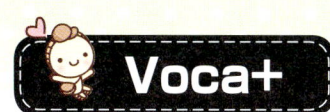

掃除(そうじ)する
청소하다

掃除機(そうじき)を かける
청소기를 돌리다

ふき掃除 (そうじ)
걸레질

皿洗(さらあら)い
설거지

買物 (かいもの)
쇼핑

子守(こも)り
아이 보기

両替 (りょうがえ)
환전, 돈을 바꿈

お金(かね)を 借(か)りる
돈을 빌리다

立(た)て替(か)え
남을 대신하여 대금을 치르다

声(こえ)を 小(ちい)さくする
목소리를 작게하다

ボリュームを 上(あ)げる
볼륨을 높이다

しょうゆをかける
간장을 뿌리다
간장을 치다

おかわり
추가로 더 먹는 음식

代返 (だいへん)
대리출석

交換 (こうかん)
교환

# 日本文化

## 일본 애완동물 사정

일본에서는 개, 고양이 모두 옛날부터 친근한 애완동물로서 널리 사랑 받았다. 개나 고양이 외에도 작은 새, 금붕어, 열대어, 거북이, 송사리, 토끼, 햄스터 등 다양한 종류의 동물이 애완동물로서 길러지고 있다. 지금도 애완동물 중 인기가 좋은 것은 개와 고양이지만 개와 고양이를 맨션, 아파트 등에서 기르는 것은 꽤 어렵기 때문에 공동 주택 등에서도 기를 수 있는 물고기나 작은 새 등 작은 동물도 애완동물로서 인기가 있다. 최근에는 애완동물 음식이나 옷뿐만 아니라, 사람 수준의 애완동물 서비스가 있다. 예를 들면 '애완동물 장례', '애완동물 보험', 그리고 '애완동물 아로마테라피' 등 여러 가지 서비스가 등장하고 있다.

# 第15課
# 友達

### 重要ポイント
1. ～らしい
2. ～するな(よ)
3. ～くする
   ～にする

## ダイアローグ

Track 040

岡　聞いたよ。彼女に振られたらしいね。

ウ　えっ、どうしてそれを……。

岡　みんな知ってるよ。

ウ　そっか。もう終わったよ。

岡　そんな落ち込むなよ。また、きっと……。

ウ　やめてよ。もういいから。

岡　それより、パーッと飲みに行こうか。今日はおごるから。

ウ　やさしくするなよ。一人にしてくれよ。

岡　そんなこと言うなよ。な、行こうぜ。

ウ　やさしくされると悲しくなるじゃないか。

語句　彼女(かのじょ) 여자친구, 그녀　　知(し)る 알다　　落(お)ち込(こ)む 침울해지다, 좋지 않은 상태가 되다
悲(かな)しい 슬프다

## ● 重要表現

**1** 〜らしい：〜인 것 같다

- 山川さん、来月結婚するらしいですよ。
- 優しい人がもてるらしいですよ。

**2** 〜するな(よ)：〜하지 마〈금지〉

- それくらいで泣くなよ。
- 明日の会議、絶対遅れるなよ。

**3** 〜くする/〜にする：〜게 하다

- もう少し短くしてください。
- テーブルの上をきれいにしてください。

---

**語句** もてる 인기가 있다

## パターントレーニング

◉ 제시된 어구를 문장에 알맞게 변형하여 회화 연습을 해 봅시다.

**1** A: ❶<u>新入社員</u>の様子はどうですか。

B: ❷<u>がんばっている</u>らしいですよ。

A: それはよかった。

B: それで、❸<u>今度のプロジェクトチームにも入る</u>らしいです。

| ① 田中さんと三谷君 | ② うまくいっている | ③ 来月、婚約する |
| ① 社員旅行担当チーム | ② 場所は決まった | ③ あとはイベントの準備をするだけ |
| ① 高橋さん | ② 熱は下がった | ③ 明日から出社する |

---

 新入社員(しんにゅうしゃいん) 신입사원　　　様子(ようす) 모양, 모습　　　婚約(こんやく) 약혼
担当(たんとう) 담당　　　場所(ばしょ) 장소　　　熱(ねつ) 열
下(さ)がる 내리다　　　出社(しゅっしゃ) 회사에 나감

**2** A: やっぱり❶部長に怒られてしまいました。

B: だから、❷無理な企画書は書くなって言ったでしょう。

A: そうですね。もう少し❸簡単にします。

B: これからは気をつけてくださいね。

① 先生　　　　② スカートは短くする　　　③ 長い
① 部長　　　　② 髪は伸ばす　　　　　　③ 短い
① 隣の人　　　② 大声で騒ぐ　　　　　　③ 静かだ

---

**語句**　髪(かみ) 머리카락　　伸(の)ばす 기르다　　隣(となり)の人(ひと) 옆집 사람
　　　　大声(おおごえ) 큰 목소리　　騒(さわ)ぐ 떠들다

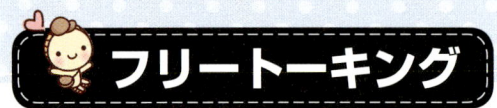

⊙ 다음 상황에 맞게 역할극을 해 보고, 서로 상대역도 해 봅시다.

 좋지 않은 일이 있어서 침울해져 있는 친구 B를 위로해 주세요.

 당신이 낙담해 있을 때에 A가 와서 말을 걸어줍니다. A의 말에 대답해 주세요.

◯ 모범회화 예시문은 191쪽에

仲間
(なかま)
동료

先輩
(せんぱい)
선배

後輩
(こうはい)
후배

パーティー
파티

竹馬(ちくば)の友(とも)
죽마고우

季節
(きせつ)
계절

懐(なつ)かしい
그립다

同窓会
(どうそうかい)
동창회

若者
(わかもの)
젊은이

道
(みち)
길

ふるさと
고향

思(おも)い出(で)
추억

一致団結
(いっちだんけつ)
일치단결

相談
(そうだん)
상담

助(たす)け合(あ)う
서로 힘을 합침

# 日本文化

## 혼네(本音)와 다테마에(建前)

   일본어 사전 고지엔(広辞苑)에는 혼네(本音, 속마음)는 본심에서 나온 말이고 다테마에(建前, 겉모습)는 표준, 방침, 주의, 기초라고 되어 있다. 혼네는 현실이며 또한 절대로 입밖에 내서는 안 되는 의견이고, 다테마에는 버젓이 입밖에 낼 수 있는 의견이라는 정의도 있다. 다테마에란 표면화한 말로 상대의 입장이나 자신과의 친밀함에 따라 구분하여 사용된다고 생각 할 수 있다. 그러면 왜 일본인은 다테마에를 사용하는가 하면 자신이 진짜로 생각한 것을 말하지 않는 편이 부드러운 분위기를 유지 할 수 있다고 생각하기 때문이다. 바꾸어 말하면 인간관계를 원활하게 하기 위해서 혼네와 다테마에를 구분하여 사용한다고 할 수 있다. 또한 친밀감이 늘어나면 늘어날수록 혼네를 많이 사용하고, 손윗사람이나 지위 등이 높은 경우에는 거의 다테마에를 사용한다. 또한 친하더라도 다테마에를 사용하는 경우가 있는데 그것은 상대에게 실례가 되지 않도록 하려는 일본인들 특유의 예의 의식과 미덕이 있기 때문이다.

# 第16課
# 海外旅行

### 重要ポイント

1. ～(さ)せていただけませんか
   ～(さ)せていただけないでしょうか
2. ～ので
3. ～つもりだ

## ダイアローグ

パク　あの〜、お話があるんですが、今ちょっとよろしいでしょうか。

上田　ええ、いいですよ。何ですか。

パク　来週なんですが、３日ほど休ませていただけないでしょうか。

上田　いいですけど、何かあるんですか。

パク　ええ、実は国から両親が来るので、どこか案内してあげようかと……。

上田　それはいいことですね。で、ご予定は？

パク　東京をあちこち案内するつもりなんですが、まだはっきり決めていません。

上田　そうですか。おいしいものをたくさんごちそうしてあげてくださいね。

パク　はい、そうするつもりです。

上田　しっかり親孝行してくださいね。

**語句**
3日(みっか)ほど 3일정도　　案内(あんない) 안내　　つもり 예정
はっきり 확실히　　ごちそう 음식을 대접함　　親孝行(おやこうこう) 효도(함), 효행

## 重要表現

**1** ～(さ)せていただけませんか/～(さ)せていただけないでしょうか :
～하게 해 주시지 않겠습니까?, ～하게 해 주실 수 없을까요?

- 今日は早退させていただけませんか。
- その仕事、私にやらせていただけませんか。

**2** ～ので : ～때문에〈이유〉

- 今日は約束があるので、お先に失礼します。
- このパソコン、調子が悪いので見ていただけませんか。

**3** ～つもりだ : ～할 생각이다

- 明日部長に言うつもりです。
- ウォーキングは体にいいので続けるつもりです。

---

**語句**
早退(そうたい) 조퇴
調子(ちょうし) 상태
失礼(しつれい) 실례
続(つづ)ける 계속하다
お先(さき)に 먼저

## パターントレーニング

◉ 제시된 어구를 문장에 알맞게 변형하여 회화 연습을 해 봅시다.

Track 044

**1** A: 今週の土曜日は ❶サッカー大会ですね。

B: そうなんですか。
私も ❷参加させていただけないでしょうか。

A: もちろんですよ。大歓迎です。

B: ありがとうございます。❸ぜひシュートを決めたいと思います。

① 講演会　　　　　　② 聞かせて　　　　③ 今後の役に立てたい
① マラソン大会　　　② 走らせて　　　　③ 完走したい
① 持ち寄りパーティー　② 料理を作らせて　③ おいしい韓国料理を作りたい

---

**語句**　参加(さんか) 참가　　　　大歓迎(だいかんげい) 대환영　　シュートを決(き)める 골을 넣다
　　　　講演会(こうえんかい) 강연회　今後(こんご) 차후, 이후　　　役(やく)に立(た)てる 도움이 될 수 있다
　　　　完走(かんそう) 완주　　　　持(も)ち寄(よ)りパーティー 한 가지씩 음식을 가지고 와서 하는 파티

**2** A: ❶夏休みは何をするんですか。

B: ❷暑いので、❸北海道へ行くつもりです。

A: それはいい考えですね。

B: はい。キムさんは何をするつもりですか。

① ゴールデンウィーク　② どこも混む　　　　③ 家にいる
① 週末　　　　　　　② 洗濯物がたまった　③ 洗濯をする
① 今日　　　　　　　② 宿題がある　　　　③ 勉強する

---

**語句**　夏休(なつやす)み 여름방학　　混(こ)む 북적거리다, 혼잡하다, 붐비다　　たまる 쌓이다

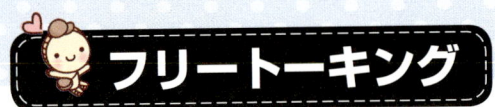

⊙ 다음 상황에 맞게 역할극을 해 보고, 서로 상대역도 해 봅시다.

 당신은 해외여행을 가려고 합니다. 여행사에 전화하여 어떤 여행 상품이 좋을지 물어 보세요.

 당신은 여행사 직원입니다. A의 전화를 받아 안내해 주세요.

▶ 모범회화 예시문은 193쪽에

# Voca+

ニューヨーク
뉴욕

ロサンゼルス
로스엔젤레스

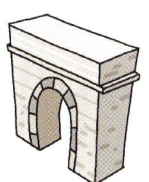
パリ
파리

ローマ
로마

ロンドン
런던

早割(はやわ)り
조기할인

ガイドブック
가이드북

機内食
(きないしょく)
기내식

時差(じさ)ぼけ
시차병

直行便
(ちょっこうびん)
직항

チェックイン
체크인

チェックアウト
체크아웃

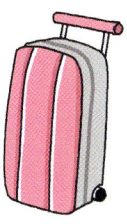
スーツケース
여행가방

キャンセル
待(ま)ち
예약취소자 대기

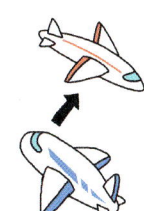
乗(の)り継(つ)ぎ
便(びん)
환승편

# 日本文化

## 해외 여행지 인기 랭킹

### 1. 하와이

남쪽의 섬 여행지로서 정평이 나있는 하와이. 일본인 여행자나 일본인 스태프가 많기 때문에 '해외 여행 초보자'라도 마음 편히 여행할 수 있는 곳이다. 해변에서 한가로이 보내는 것도 좋고, 액티브하게 해상 스포츠를 즐기는 것도 좋고, 쇼핑을 만끽하는 것도 좋다.
특히 오아후섬의 호놀룰루는 바다, 관광, 쇼핑 모두를 갖춰 인기가 많은 장소이다. 따뜻하고 비가 적게 오는 기후도 인기가 많은 이유 중 하나이다. 바다를 바라보면서 하는 교회 결혼식도 성행하고 있으며, 허니문으로 방문하는 신혼부부도 많다.

### 2. 괌

투명한 바다와 아름다운 산호초에 둘러싸인 작은 섬 괌. 일본에서 3시간이면 갈 수 있어, 싸고 가까운 리조트로 각광받는 곳이다. 하와이와 마찬가지로 일본인 관광객이 많아 대부분의 호텔이나 레스토랑에서 일본어가 통한다. 노인이나 아이 동반 가족의 해외 여행지로서 인기가 많다. 또 항상 인기있는 해상 스포츠 외에 골프장이나 쇼핑 시설도 좋아 안전하게 가족 전원이 즐길 수 있는 비치 리조트라고 할 수 있다.

### 3. 이탈리아

이국 정서가 감도는 아름다운 마을 풍경이 인기인 이탈리아. 특히 인기있는 도시는 고대 유적지 로마, 우아한 마을 풍경이 아름다운 피렌체, 수상 도시 베네치아, 패션의 거리 밀라노이다. 유명 브랜드 숍이 많아 쇼핑도 만끽할 수 있다. 또 이탈리아 본고장 요리와 와인도 즐거움 중의 하나이다. 왕복 비행기만으로 만 하루 걸리므로 장기 휴가를 이용하여 여행하는 것이 좋다.

# 第17課
# 病院

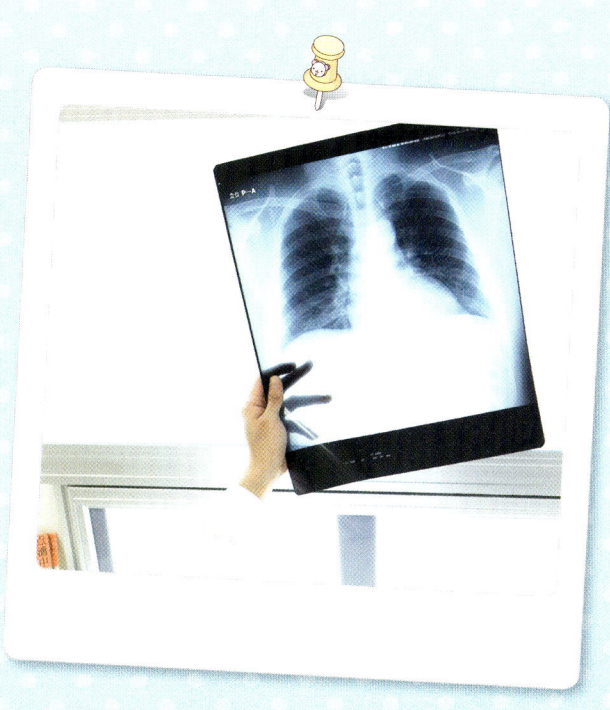

### 重要ポイント
1. ～てもかまいませんか
2. ～たほうがいい
   ～ないほうがいい
3. ～なくてもいい

次の方どうぞ

医者　どうしましたか。

山口　頭がガンガンして、何だかフラフラするんです。

医者　熱はありますか。

山口　はい、7度5分ありました。ゾクゾクして……。

医者　そうですか。お薬を出しますから、今日は暖かくして休んでください。

山口　あの、今日、お風呂に入ってもかまいませんか。

医者　今日は入らないほうがいいですね。
　　　シャワーはかまいませんけど。

山口　あと、明日は会社を休んだほうがいいでしょうか。

医者　いえ、熱が下がれば休まなくてもいいですよ。あっ、お酒は飲まないでくださいね。

山口　はい、わかりました。

お大事に
次の方どうぞ

**語句**　ガンガン 지끈지끈　　フラフラ 비틀비틀, 휘청휘청　　ゾクゾク 오싹오싹
薬(くすり) 약　　出(だ)す 내다

## 重要表現

### 1 〜てもかまいませんか : 〜해도 상관없습니까?

- あとでお電話してもかまいませんか。
- 辞書は見てもかまいませんか。

### 2 〜たほうがいい : 〜하는 편이 좋다
### 〜ないほうがいい : 〜하지 않는 편이 좋다

- 先輩のアドバイスは聞いたほうがいいですよ。
- あまり無理しないほうがいいですよ。

### 3 〜なくてもいい : 〜하지 않아도 된다

- そんなに心配しなくてもいいですよ。
- 急がなくてもいいですよ。明日までですから。

---

**語句**　辞書(じしょ) 사전　　アドバイス 충고　　急(いそ)ぐ 서두르다

## パターントレーニング

◉ 제시된 어구를 문장에 알맞게 변형하여 회화 연습을 해 봅시다.

**1** A: すみません。この❶薬、どうしたらいいですか。

B: ❷食後に飲んでください。❸食後30分くらいに飲んでもかまいませんよ。

A: はい。ありがとうございました。

B: わからなかったら、いつでも聞いてくださいね。

| | | |
|---|---|---|
| ① 塗り薬 | ② 朝晩、塗る | ③ かゆいときは塗る |
| ① 包帯 | ② 毎晩、替える | ③ 汚れたら替える |
| ① レポート | ② 明日持ってくる | ③ メールで送る |

食後(しょくご) 식사 후　　塗(ぬ)り薬(ぐすり) 바르는 약　　朝晩(あさばん) 아침 저녁
かゆい 가렵다　　包帯(ほうたい) 붕대　　替(か)える 바꾸다
汚(よご)れる 더러워지다

**2** A: 最近、❶風邪気味なんです。

B: それはいけませんね。

❷家でゆっくりしたほうがいいですよ。

A: 今日は❸残業をしなくてもいいですか。

B: はい。あとはこっちで何とかしますから。

① お腹が痛い　　② 薬を飲む　　③ 練習に行かない

① 腰が痛い　　　② 病院に行く　③ 会議に出ない

① 寝不足だ　　　② ちゃんと寝る　③ 飲み会に行かない

---

**語句**
何(なん)とかする 어떻게든 조치를 취하다　　練習(れんしゅう) 연습　　腰(こし) 허리
寝不足(ねぶそく) 잠이 부족함　　ちゃんと 착실하게, 제대로

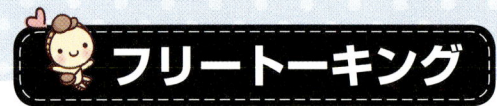

◉ 다음 상황에 맞게 역할극을 해 보고, 서로 상대역도 해 봅시다.

 당신은 컨디션이 좋지 않아 병원에 왔습니다. 의사에게 증상을 설명하고 진찰을 받으세요.

 당신은 의사입니다. A를 진찰하고 증상을 파악하여 진단해 주세요.

○ 모범회화 예시문은 195쪽에

|  |  |  |  |  |
|---|---|---|---|---|
| 風邪(かぜ)をひく<br>감기에 걸리다 | めまいがする<br>현기증이 나다 | 寒気(さむけ)がする<br>오한이 나다 | 頭(あたま)ががんがんする<br>머리가 지끈지끈하다 | お腹(なか)が痛(いた)い<br>배가 아프다 |

|  |  |  |  |  |
|---|---|---|---|---|
| くしゃみが出(で)る<br>재채기가 나다 | のどがはれる<br>목이 붓다 | 鼻水(はなみず)が出(で)る<br>콧물이 나다 | 鼻(はな)づまり<br>코막힘 | 下痢(げり)をする<br>설사를 하다 |

|  |  |  |  |  |
|---|---|---|---|---|
| 体(からだ)がだるい<br>몸이 나른하다 | はき気(け)がする<br>구역질이 나다 | 胃(い)がもたれる<br>속이 거북하다 | やけどをする<br>화상을 입다 | 食欲(しょくよく)がない<br>식욕이 없다 |

第17課 病院

# 日本文化

## 긴급 시에는

### ◉ 사고, 도난 발생 (☎ 110)
- 도둑, 폭력피해, 교통사고가 있었을 때는 경찰서에 전화한다.

### ◉ 화재 발생 (☎ 119)
- 화재인 경우, 큰 소리로 근처 사람에게 알리고 소방서에 전화하여 소방차를 부른다. 혼자서 불을 끄려고 하면 위험하므로 '119'에 전화한다. 담당자가 받으면 서두르지 말고 침착하게 화재가 난 것, 어디서 발생했는지(주소 또는 목표물), 타고 있는 것을 말한다.

### ◉ 응급환자 발생 (☎ 119)
- 토, 일요일이나 야간에 병이 나면 야간이나 휴일에 진찰을 받을 수 있는 진료소가 각 지역에 있으므로 체크해 둔다.

### ◉ 지진 발생 (☎ 171)
(1) 우선 몸의 안전을 생각하여 근처 안전한 장소로 대피한다.
(2) 사용중인 가스, 가스 곤로의 불을 끈다. 다른 조리 기구나 난방 기구 등 화재의 원인이 될 것 같은 것은 모두 끈다. 화재가 발생하면 즉시 주변에 있는 소화기로 끈다.
(3) 방이나 현관문을 열어 피난 통로를 확인한다.
(4) 텔레비전, 라디오, 전화 등을 통해 지진 재해 정보를 수시로 파악하도록 노력한다.

# 第18課
# 電話

### 重要ポイント
1. ～ことにする
2. ～てほしい
3. ～はずだ

# ダイアローグ

Track 049

ウ　ケータイ、どうするんですか。
　　アイフォン、買うことにしたんですか。

川野　はい。これから買いに行こうと思ってます。

ウ　いいなぁ、私もほしいなぁ……。

川野　でも、ちょっと心配で、いっしょに来てほしいんですけど。

ウ　えっ、今からですか。
　　私、これからちょっと行くところがあって……。

川野　あ～、そうですか。どうしようかな……。

ウ　ミンチェさんに来てもらったらどうですか。
　　今日は大学に来てるはずですよ。

川野　そういえば、ミンチェさん、アイフォン持ってましたしね。

ウ　電話してみましょうか。

川野　そうしてくれると助かります。

ウ　もしもし、ミンチェさん、今ちょっと……。

語句　ケータイ 휴대전화　　助(たす)かる 도움이 되다

## 重要表現

### 1  〜ことにする：〜하기로 하다

- 来年国へ帰ることにしました。
- 旅行は行かないことにしました。

### 2  〜てほしい：〜해 주었으면 한다, 〜해 주었으면 좋겠다

- もっと給料を上げてほしいです。
- もう少し一生懸命に勉強してほしいです。

### 3  〜はずだ：당연히 〜할 것이다

- 5分前に電話がありましたから、もう来るはずです。
- 佐藤さん？
  顔を見ればわかるはずですよ。以前紹介しましたから。

---

**語句**
来年(らいねん) 내년　　給料(きゅうりょう) 월급, 급료　　顔(かお) 얼굴
以前(いぜん) 이전　　紹介(しょうかい) 소개

# パターントレーニング

⊙ 제시된 어구를 문장에 알맞게 변형하여 회화 연습을 해 봅시다.

**1** A: ケータイ、壊れていましたよね。
その後、どうしましたか？

B: ❶ショップで見てもらったのですが、❷買い換えることにしました。

A: そうですか。どのくらいかかるんでしょうね。

B: ❸３万円くらいだそうです。

| | | |
|---|---|---|
| ❶ 友達に相談する | ❷ 明日、買いに行く | ❸ ２万５千円 |
| ❶ 液晶が壊れている | ❷ 修理する | ❸ ７千円 |
| ❶ 水に落としてしまう | ❷ 保険で処理する | ❸ 千円 |

---

**語句** 買(か)い換(か)える 새 것을 사서 바꾸다　　液晶(えきしょう) 액정　　修理(しゅうり) 수리
落(お)とす 떨어뜨리다　　保険(ほけん) 보험　　処理(しょり) 처리

**2** A: 大田さん、すみません。
❶田中さんを呼んでほしいんですが。

B: 確か、❷会議室にいるはずですよ。

A: じゃあ、あとで❸私のところへ来るように伝えてください。

B: わかりました。

① 鈴木さんに会わせる　　② 打ち合わせに行った　　③ 電話をくれる
① 高橋さんにこの書類を書く　② さっき書いていた　　③ 持って来る
① 山田さんに来るように言う　② 食事中の　　　　　③ 急いで来る

---

**語句**　確(たし)か 틀림없음, 확실함　　伝(つた)える 전하다　　打(う)ち合(あ)わせ 협의, 미팅
書類(しょるい) 서류

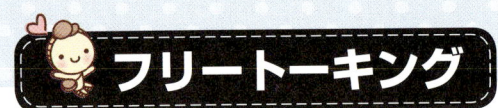

⊙ 다음 상황에 맞게 역할극을 해 보고, 서로 상대역도 해 봅시다.

 대형 전자상가에 가서 점원한테 어떤 것이 좋은지 물어보고 마음에 드는 것을 사세요.

 당신은 대형 전자상가 점원입니다. A 손님의 질문에 답해 주고, 좋은 상품 등을 소개하세요.

◐ 모범회화 예시문은 197쪽에

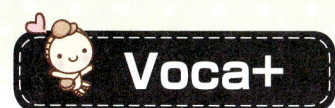

| | | | | |
|---|---|---|---|---|
|  |  |  |  | 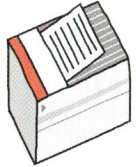 |
| パソコン<br>PC | ノートパソコン<br>노트북 | デスクトップ<br>데스크탑 | プリンター<br>프린터 | レーザー<br>プリンター<br>레이저 프린터 |
|  |  |  |  |  |
| 複合機<br>(ふくごうき)<br>복합기 | ファクス<br>팩스 | 携帯電話<br>(けいたいでんわ)<br>휴대폰 | デジタルカメラ<br>디지털카메라 | ビデオカメラ<br>비디오카메라 |
|  |  |  |  |  |
| 電子辞書<br>(でんしじしょ)<br>전자사전 | DVDレコーダー<br>DVD기 | カーナビ<br>자동차 네비게이션 | ネットブック<br>넷북 | 液晶(えきしょう)<br>モニター<br>액정모니터 |

# 日本文化

## 휴대 전화 랭킹

### 1. SoftBank(소프트뱅크)

2006년 소프트뱅크 그룹이 보더폰 일본 법인을 매수해 '소프트뱅크 모바일'로 새롭게 시작한 휴대 전화 회사이다. 과감한 할인 제도가 사용자에게 인정받아 2007년에 들어와서 순수 계약자수 No. 1이 되었다.

2007년 1월부터 실시한 요금제 '화이트 플랜'은 소프트뱅크끼리의 통화(21시~1시를 제외)와 메일이 무료, 게다가 기본 사용료가 980엔(세금 포함)이어서 싸게 휴대 전화를 소유하고 싶은 사용자에게 인기를 끌고 있다.

### 2. au

도코모에 이은 시장점유율을 자랑하는 휴대 전화 회사. 최근에는 계약자의 월간 증가수가 도코모를 웃도는 경우도 많다. au의 큰 특징은 '챠쿠 우따(着うた)'로 대표되듯이 음악에 강한 것이다. 최신 기종은 모두가 악곡 전체의 전달이 가능하다. 또 종합 음악 서비스 'LISMO'를 개시하였다. LISMO는 휴대폰에 부속되는 소프트웨어를 인스톨하는 것으로 휴대폰과 PC간 음악 데이터의 교환이 원활하게 이루어진다.

요금제는 도코모와 크게 다르지 않지만, MY 할인이나 가족할인, 학생할인을 이용하면 기본 사용료를 줄일 수 있다.

### 3. NTT docomo(NTT 도코모)

일본 국내 시장 점유율 1위의 휴대 전화 회사 최대기업이다. 다양한 기종과 i모드, IC카드 기능이 내재된 휴대폰(サイフケータイ)등 새로운 서비스로 유명하다.

# 第19課
# 将来の夢

## 重要ポイント
1. 尊敬語・謙譲語
2. 〜ために
3. 〜ておく

## ダイアローグ

Track 052

| | |
|---|---|
| インタビュアー | それでは最後に、将来の夢をお聞きしてもよろしいでしょうか。 |
| ウ | はい。将来は、何かアジアのために働ける仕事がしたいです。 |
| インタビュアー | 今、何か具体的なイメージはお持ちですか。 |
| ウ | いえ、まだはっきりしたイメージは持っていません。 |
| インタビュアー | そうですか。では、そのために今なさっていることはありますか。 |
| ウ | はい。もっと外国のことを勉強しておこうと思っています。 |
| インタビュアー | と、おっしゃいますと？ |
| ウ | まず、外国語ですね。日本語と英語、できれば中国語も。 |
| インタビュアー | すごいですね。他にもありますか。 |
| ウ | そうですね。ボランティアに参加して、いろいろなものを見ておきたいですね。 |
| インタビュアー | そうですか。頑張ってください。今日はありがとうございました。 |

**語句**

将来(しょうらい) 장래　　　夢(ゆめ) 꿈　　　アジア 아시아
具体的(ぐたいてき) 구체적　　他(ほか)にも 그 밖에도　　ボランティア 자원봉사
参加(さんか) 참가

## 1 尊敬語・謙譲語

| 普通語 | 尊敬語 | 謙譲語 |
|---|---|---|
| 行く(가다)・来る(오다) | いらっしゃる・おいでになる(가시다・오시다) | 参る(가다・오다)) |
| いる(있다) | いらっしゃる・おいでになる(계시다) | おる(있다) |
| 言う(말하다) | おっしゃる(말씀하시다) | 申す(말하다) |
| 食べる(먹다)・飲む(마시다) | 召し上がる(드시다) | いただく(먹다・마시다) |
| 見る(보다) | ご覧になる(보시다) | 拝見する(보다) |
| 知る(알다) | ご存知だ(아시다) | 存じる(알다) |
| する(하다) | なさる(하시다) | いたす(하다) |
| 그밖의 동사 | お～になる | お～する |

## 2 ～ために：～을 위해서, ～하기 위해서

- 健康のために毎日運動しています。
- 結婚するために貯金しています。

## 3 ～ておく：～해 두[놓]다

- 3時までに書類を準備しておきます。
- 来週までにこの本を読んでおいてください。

語句　健康(けんこう) 건강　　貯金(ちょきん) 저금

## パターントレーニング

⊙ 제시된 어구를 문장에 알맞게 변형하여 회화 연습을 해 봅시다.

**1** A: 部長、❶お伺いしたいことがあるのですが。

　　B: あ、山田さん。どうしたんですか。

　　A: ❷この資料なんですが、❸ご覧になりましたか。

　　B: もちろん。それがどうかしましたか。

① 尋ねたいこと　　② 次の人事のこと　　③ 聞いた
① 見せたいもの　　② この写真　　　　　③ 知っている
① 話したいこと　　② 契約書　　　　　　③ 読んだ

---

**語句**　伺(うかが)う 묻다, 듣다의 겸사말　　尋(たず)ねる 묻다, 찾다　　人事(じんじ) 인사
　　　　契約書(けいやくしょ) 계약서

**2** A: 最近、忙しそうですね。

B: 実は❶運転免許証を取るために、❷自動車学校へ通っているんです。

A: そうですか。確かに今のうちに❸取っておくのがいいですね。

B: はい。そう思って頑張っています。

| ① アメリカへ行く | ② 英語の勉強をする | ③ する |
| ① 海外旅行をする | ② バイトをする | ③ 旅行する |
| ① 健康の | ② スポーツクラブに行く | ③ 体を動かす |

**語句**
運転(うんてん) 운전
自動車学校(じどうしゃがっこう) 자동차 학원
免許証(めんきょしょう)を取(と)る 면허증을 취득하다
動(うご)かす 움직이다

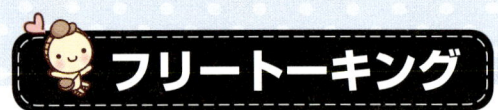

⊙ 다음 상황에 맞게 역할극을 해 보고, 서로 상대역도 해 봅시다.

 당신은 상을 받아 텔레비전 인터뷰를 하게 되었습니다. 인터뷰에 답해서 장래의 꿈을 말해보세요.

 당신은 텔레비전 방송국의 인터뷰를 하는 사람입니다. A를 인터뷰하면서 장래의 꿈에 대해 물어봐 주세요.

◐ 모범회화 예시문은 199쪽에

教師
(きょうし)
교사

通訳士
(つうやくし)
통역사

観光(かんこう)
ガイド
관광가이드

旅行社
(りょこうしゃ)
여행사

新聞社
(しんぶんしゃ)
신문사

翻訳家
(ほんやくか)
번역가

日本留学
(にほんりゅうがく)
일본유학

ワーキング
ホリデイ
워킹홀리데이

語学研修
(ごがくけんしゅう)
어학연수

インターン
인턴

日本(にほん)での
就職(しゅうしょく)
일본에서 취직

アニメーター
애니메이터

イラストレーター
일러스트레이터

調理士
(ちょうりし)
조리사

宇宙飛行士
(うちゅうひこうし)
우주비행사

# 日本文化

## 구직활동

직장을 얻기 위해 사원을 구하는 회사에 응시하는 것으로 줄여서 '슈카츠(就活, 구직활동, 취업준비)'라고도 한다. 구직활동의 내용은 대부분의 경우, 우선 자신이 어떠한 일에 적합한지 자기분석을 하고 그 결과를 토대로 회사를 알아보고 신청한다. 그리고 회사설명회를 예약해서 설명회에 참가한다. 이 때 인기가 있는 회사는 예약조차 할 수 없는 경우도 있고, 설명회에 참가하지 않으면 응모에 지원할 수 없는 경우도 있다. 다음은 '엔트리시트(エントリーシート)'에 자기소개나 지망이유 등을 적어 우송하거나 설명회에서 제출한다. 다음은 필기시험과 면접테스트로 진행되는데 한 번에 끝나는 회사도 있고 몇 차례나 면접을 보는 회사도 있다. 이렇듯 전형방법은 회사에 따라 다르다. 취업난으로 구직활동기간의 장기화와 수험기술의 고도화 등 취업활동 내용이 바뀌고 있다.

# 第20課
# 総合会話練習

1. 今、一番感謝している人はだれですか。それはどうしてですか。

2. 毎朝、起きてから何をしますか。

3. 健康のために何かするようにしていますか。

4. あなたは、今までに日本の映画やドラマを見たり、本を読んだりしたことがありますか。その内容について、簡単に教えてください。

5. あなたは友達に「してほしい」ことや「してほしくない(やめてほしい)」ことはありますか。

6. 海外旅行をしたことがありますか。どんな思い出がありますか。

7. 病院に行く時、または行った時、したほうがいいことと、しないほうがいいことを話してください。

8. あなたは携帯電話の会社に、サービス面や要望などで「〜を〜てほしい」と望むことを話してください。

9. 大学生、または若い間に何をしておきたいですか。

10. 今月、または来月の予定について、話してください。

# 부록

해석
모범회화 예시
日本文化 원문

# 第1課　소개

### 🗨 ダイアローグ

店員　늘 감사합니다. 500엔입니다. 손님 유학생인가요?
ウ　　예. 한국에서 왔습니다. 우동찬이라고 합니다.
店員　예? 우도, 우동차?
ウ　　아~, 우・동・찬입니다. '우동짱'이라고 불러 주세요.
店員　'우동짱'…이라, 그거 좋군요. 그럼 우동짱 한국 어디에서 왔습니까?
ウ　　제주도입니다. 가족 모두 제주도에 살고 있습니다. 여기 500엔이요. 잘 먹었습니다.

### 🗨 重要表現

1. • 우동찬이라고 합니다.
   • 가와구치 겐타라고 합니다.
2. • 다음에 불러 주세요.
   • 일본 요리를 가르쳐 주세요.
3. • 아버지는 일본 회사에서 근무하십니다.
   • 언니(누나)는 캐나다에서 영어 공부를 하고 있습니다.

### ✏ パターントレーニング

1. A: 처음 뵙겠습니다.
   B: 처음 뵙겠습니다. 한국에서 온 우동찬이라고 합니다.
   A: 그렇습니까? 실례지만 하시는 일은요?
   B: 무역회사에 근무하고 있습니다.
2. A: 저 낚시에 빠져 있습니다.
   B: 그렇습니까? 좋네요. 저도 전에는 했었는데 다시 시작할까…….
   A: 이번에 함께 가실래요?
   B: 좋아요. 꼭 불러 주세요.

### ✏ フリートーキング

**A상황**

あなたは初めてBさんに会いました。初対面のあいさつをしてから、名前、職業、または、学生なら、学校名、専攻、学年、住んでいる地域などに関して尋ねてください。

**B상황**

あなたは 初めて Aさんに会いました。初対面のあいさつをしてから、名前、職業、または、学生なら、学校名、専攻、学年、住んでいる地域などに関して答えてください。

**모범회화 예시**

＜社会人の場合＞

A：はじめまして。わたしは Aといいます。どうぞよろしくおねがいします。

B：はじめまして。わたしは Bといいます。こちらこそ どうぞよろしくおねがいします。

A：Bさんは社会人ですか、学生ですか。

B：社会人です。

A：じゃ、Bさんのお仕事は何ですか。

B：私は会社員です。

A：どちらの会社ですか。

B：貿易会社に勤めています。

A：お住まいはどちらですか。

B：ソウル市ノウォン区に住んでいます。

＜学生の場合＞

A：じゃ、Bさんのご専攻は何ですか。

B：経営学です。

A：学校はどちらですか。

B：○○○大学です。

A：今、何年生ですか。

B：2年生です。

## 日本文化

人物紹介のマナー

　人物紹介をするとき、基本的には、身内を相手に紹介してその後、相手方を身内に紹介していく。人を紹介するときは、おどおどとした態度や自信なさげな態度はとらないようにするべきである。それは信頼できない人物であるという印象を与えてしまうからである。

紹介の例(ビジネスの場面)
⊙ 身内を相手に紹介する場合
「ご紹介いたします。こちら私の上司で営業部長の山田でございます。」

⊙ 相手を身内に紹介する場合
「部長、こちらが、××株式会社の山下様です。」

# 시간 . 날짜

### 🗨 ダイアローグ

- 山口　이 회의 몇 시에 끝날까요? 1시부터 계속이군요.
- パク　길군요. 벌써 5시간이에요. 아무도 듣고 있지 않아요.
- 山口　정말이군요. 잡담하고 있군요. 휴~, 나 7시에 약속이 있는데…….
- パク　저도요. 실은 저, 요가를 시작했거든요. 일주일에 3번.
- 山口　예에? 요가요? 어떻습니까?
- パク　월, 수, 금 7시부터 9시까지 2시간인데 좋아요. 회의 아직인가…….

### 🗨 重要表現

2
- 부탁이 좀 있는데요…….
- 실은 저, 외국인입니다.
  예에? 그렇습니까? 전혀 눈치채지 못했습니다.

3
- 조금만 기다려 주세요 지금 요리를 만들고 있으니까요.
- 여보세요 지금 무엇을 하고 있습니까?
  지금이요? 학교식당에서 친구와 밥을 먹고 있습니다.

### ✏ パターントレーニング

1　A : 그렇게 짐을 많이 들고 어디에 갑니까?
　　B : 지금부터 회의입니다.
　　A : 그렇습니까? 그래도 대단한 짐이네요.
　　B : 사장님도 참석하세요. 그래서 이렇게 자료가 많은 거에요.

2　A : 이노우에 씨를 보지 못했습니까?
　　B : 아까 회의실에 있었어요. 프레젠테이션 준비를 하고 있습니다.
　　A : 그럼, 바쁠까요?
　　B : 열심히 하고 있었으니까 이제 곧 끝날 거라고 생각합니다.

### ✏ フリートーキング

**A상황**

あなたは、これから図書館へ行きます。その前に図書館に電話をかけて、開館時間・閉館時間・休館日などを尋ねてください。

**B상황**

あなたは、図書館の司書です。問い合わせの電話に答えてください。

아오이 중앙도서관
- 개관시간
  월요일~금요일(첫째, 셋째 월요일은 휴관)…오전 9시15분~오후8시30분
  토요일·일요일·경축일·휴일…오전9시15분~오후5시
- 휴관일
  매월 첫째, 셋째 월요일(경축일과 휴일에 해당하는 경우에는 개관)·연말연시
  장서 점검기간 (※금년도는 4월13일부터 4월22일입니다.)

**모범회화 예시**

A: もしもし、そちらはあおい中央図書館ですか。

B: はい、あおい中央図書館です。

A: ちょっと、お聞きしたいんですが……。

B: はい、どうぞ。

A: あの、そちらの 開館時間と閉館時間は何時ですか。

B: 開館時間は休館日以外は午前9時15分で、閉館時間は月曜日から金曜日は午後8時30分、土曜日曜と祝日は午後５時です。

A: じゃ、今日は5時まで開いていますね。

B: はい、5時まで開館しています。

A: 休館日はいつですか。

B: 毎月第1・3月曜日です。

A: わかりました。どうもありがとうございました。

B: はい、その他にご質問はありませんか。

A: はい、ありません。それでは、失礼します。

B: 失礼いたします。

## 주문

### 💬 ダイアローグ

어서 오세요!!

川野 　무엇으로 하겠습니까? 이 가게는 면도 국물도 전부 여기에서 만들어요.

ウ 　예에~, 그렇습니까? 이곳의 추천 요리는 무엇입니까?

川野 　역시 미소라멘 (된장 라면)이에요. 면발도 양도 고를 수 있어요.

ウ 　그렇습니까? 맛있어 보이는군요. 그럼 그걸로 하겠습니다. 전부 보통으로.

川野 　저기요. 미소라멘 (된장 라면) 두 개 주세요. 면발도 양도 전부 보통으로.

예, 잠시 기다려 주십시오!!

ウ 　저기, 그리고 교자도 하나 주세요.

### 重要表現

1. • 오늘은 저, 카레로 하겠습니다.
   • 가와구치 씨, 튀김우동입니까? 그럼 저도 같은 것으로 하겠습니다.

2. • 이 짐 혼자서 전부 들 수 있습니까?
   • 일본 노래는 부를 수 없습니다.

3. • 상태가 안 좋아 보이는데 괜찮습니까?
   • 새로운 부장님, 좀 엄격해 보이네요.

### ✏️ パターントレーニング

1. A : 이 김치 라면은 어느 정도 맵습니까?
   B : 보통이에요.
   A : 그렇습니까? 그럼 저는 이것으로 하겠습니다. 오가와 씨는 무엇으로 하겠습니까?
   B : 저는 쇼유라멘(간장 라면) 곱배기로 하겠습니다.

2. A : 이 케이크 맛있어 보이네요.
   B : 그렇네요. 하지만 이것은 좀…….
   A : 괜찮아요. 이 정도는 먹을 수 있어요.
   B : 그렇습니까? 그럼 갑시다.

### ✏️ フリートーキング

**A상황**

あなたは、ファーストフード店に来ました。メニューを見て、ハンバーガーとチキンと飲み物などを注文してください。

**B상황**

あなたは、ファーストフード店の店員です。お客様の応対をして、オーダーを取ってください。

**모범회화 예시**

B: いらっしゃいませ。ご注文は何になさいますか。

A: ええと、何にしようかな。写真のこのメニュー、おいしそうですね。

B: 今月のキャンペーン商品です。

A: 飲み物は、選べますか。

B: 申し訳ありません。お飲み物は、コーラのみとなっています。

A: じゃ、しかたないですね。それじゃ、このセットメニューにします。

B: 以上でよろしいでしょうか。

A: あ、それから、チキンナゲット2つお願いします。

B: お持ち帰りですか。

A: いいえ、ここで食べます。

B: それでは、1120円になります。

A: はい、これでお願いします。

B: はい、どうもありがとうございました。

## 日本文化

### ラーメン

　戦争が終わり、中国から戻ってきた人たちが、中国のラーメンを日本に持ち帰り開いた屋台が、安い材料で栄養も高く味もおいしかったため人々に受け入れられたのが日本のラーメンの始まりである。味の種類も様々で、店、または地域によって大きく違う。ラーメンは麺と汁を主体とした料理で、ゆでた麺と、豚骨や鶏がら、野菜、煮干などを煮込んで作ったスープの上に具をのせて食べる。ラーメンの具は、チャーシュー、ねぎ、もやし、メンマなどが一般的でその他にゆで卵やきくらげ、コーンなどそのラーメンに合う具材がのっている。麺はインスタント麺ではなく生麺で、麺の種類にも違いがある。そこで近年は全国のラーメンを一ヶ所に集めた「ラーメン博物館」も出来たりとラーメンは日本の食文化において欠かせない存在となっている。

# 第4課 쇼핑

### ダイアローグ

パク　앗, 쇼크다~!! 반값이 됐어!!
上田　에? 좋은 거 아닙니까? 좀 봐 볼까요?
パク　싫어요. 그게 어제 여기서 이것과 똑같은 옷을 샀단 말이에요.
上田　어머 그래요? 정가로?
パク　그래요. 아~ 오늘까지 기다렸으면 좋았을 것을……. 분하다.
上田　기운 내세요. 음, 오늘이 9,000엔이니까 어제는…… 아~.

### 重要表現

1. 
   - 다음 주부터 또 바빠집니다.
   - 이제 완전히 건강해졌습니다.
2. 
   - 좀 입어 보겠습니다.
   - 이거 먹어 보세요.
3. 
   - 어린 시절에 제대로 공부했으면 좋았을 걸.
   - 역시 회의에서 내 의견을 제대로 말했으면 좋았을 걸.

### パターントレーニング

1. A: 뉴스에서 내일까지 장마라고 했습니다.
   B: 그렇습니까? 비가 와서 무더워지는군요.
   A: 우산 잊는 건 주의했으면 싶군요.
   B: 그렇군요.
2. A: 이것 좀 먹어 보세요.
   B: 음. 좀 맵군요.
   A: 역시. 서둘러 적당한 것으로 사 버렸습니다.
   B: 시식했으면 좋았었겠군요.

### フリートーキング

**A상황**

あなたは、ショッピングモールに来ました。商品を見ながら選んでください。

**B상황**

あなたは、店の店員です。お客様の応対をして、商品をすすめてください。

**모범회화 예시**

A : すいません。

B : いらっしゃいませ。何かお探しですか。

A : あの、来週あたりから暑くなりそうなので、いい感じのTシャツが欲しいのですが。

B : こちらなんかいかがですか。最近人気のカラーです。

A : ちょっと着てみてもいいですか。

B : どうぞ、試着室はこちらです。

A : ちょっと、失礼します。

(しばらくした後、)

B : お客様、いかがですか。

A : ちょっと、小さめですね。

(試着室から出てきて)

B : そうですね……。

A : もっと、ダイエットすればよかった。

B : こちらのデザインだと少しスリムに見えますよ。

A : あ、それがいいですね。

B : ちょうど、セール期間でお一人様、1点限りの商品です。

A : よかった、ありがとうございます。

## 日本文化

**ショッピングセンター**

　日本のショッピングセンターは百貨店や総合スーパー、スーパーマーケット、ホームセンター、ディスカウントストアなどの大型店、アパレルや雑貨などの専門店、レストランやカフェなどの飲食店、病院やホテル、公共施設などのサービス施設などから構成されている。大型モールの場合、駐車場のスペースを確保する必要があることから、電車の駅や市街地から離れた郊外や地方に多くある。都心の人々の乗り降りが多い駅は、駅を中心としてホテルやデパートが併設されていることが多い。また、都心のショッピングモールは観光地としても人気がある。

## 第5課 교통

### ダイアローグ

山口　아~ 전철이 가버렸군요.
イ　　택시로 가시겠습니까?
山口　하지만 오늘은 금요일이라 어려울지도 몰라요.
イ　　그렇군요.
山口　음~, 앗! 건강랜드에 묵겠습니까? 택시로 가는 것보다 싸요.
イ　　좋아요. 그럼 한잔 더 마실까요?

### 重要表現

1. · 늦잠 자 버렸다.
   · 감기에 걸려버렸다.

2. · 조금 늦을지도 모릅니다.
   · 서두르면 시간에 맞출지도 모르겠습니다.

3. · 서울은 도쿄보다 춥습니다.
   · 아버지는 어머니보다 요리를 잘 하십니다.

### パターントレーニング

1. A: 무슨 일입니까? 기운이 없군요.
   B: 실은 프레젠테이션에서 실수를 해버렸습니다.
   A: 그렇습니까? 힘내세요.
   B: 예. 죄송합니다.

2. A: 이 기획은 좀 힘들지 몰라요.
   B: 음. 하지만 지난 번 기획보다는 좋겠지요.
   A: 그건 그렇네요.
   B: 좀 더 생각합시다.

### フリートーキング

**A상황**

あなたは観光案内所に来ました。地図を見ながら、目的地まで行くのに、どんな交通手段がいいか尋ねてください。

**B상황**

あなたは観光案内所の職員です。Aさんの質問に答えて案内してください。

**모범회화 예시**

A: すみません。少々お尋ねしたいのですが。
B: どうぞ。
A: ここから、羽田方面に行くには、バスがいいですか、地下鉄がいいですか。
B: 羽田は、バスより地下鉄のほうが早いですよ。
A: 5時の飛行機に乗りたいのですが。
B: えっ、5時の飛行機ですか。時間が……。
A: 3時が出発時間だったんですけど、遅れてしまいました。
B: それじゃ、タクシーのほうがいいかもしれません。すぐ近くですから。
A: そうしてみます。
B: 空車のタクシーを見つけて手を上げてください。急げば間に合うかもしれません。
A: はい、ありがとうございました。

## 日本文化

### 日本の交通

　日本の公共交通機関には、電車・地下鉄・バス（長距離バスも含む）・タクシー・新幹線・飛行機がある。交通手段の中で韓国と一番違うのはタクシーではないだろうか。まず、乗車料金が高いということ。そして、日本は車の車線が左側通行なので、左のドアだけがあくようになっていること。その上、自動ドアなので、ドアが開くまで待たなければいけないことである。また、日本はタクシー以外でも交通運賃が高いとよく言われるが、通学や通勤のように同じ経路を頻繁に利用する場合には、特別割引のある「定期券」というものがある。定期券を購入すると普通に切符を買うよりも割安な上、毎回切符を買う手間が省けるので、旅行者でも長く滞在するときには利用するのも良いだろう。

# 第6課 취미

### 🗨️ ダイアローグ

パク　야마구치 씨, 이것 주시지 않겠습니까?
山口　예? 이것이 가지고 싶습니까? 담배는 들어있지 않습니다.
パク　그러니까 좋아요. 담뱃갑을 모으는 것이 취미거든요.
山口　네? 재미있습니까?
パク　네. 바라보고 있으면 여러 가지를 상상할 수 있어서 즐거워집니다.
山口　그렇습니까. 어? 박 씨, 담배 피웁니까?
パク　아니요, 저는 피우지 않아요. 몸에 좋지 않으니까요.

### 🧒 重要表現

1. • 귀여운 가방을 갖고 싶습니다.
   • 지금 가장 시간이 필요합니다.

2. • 지하철에서 책을 읽는 것이 좋습니다.
   • 사람 앞에서 말하는 것이 서툽니다.

3. • 책을 읽으면 졸립니다.
   • 청소하면 기분이 좋습니다.

### ✏️ パターントレーニング

1. A: 무얼 보고 있습니까?
   B: 최근 골프를 시작했습니다.
   A: 그래서 스포츠용품을 보고 있었군요.
   B: 네. 새 골프채가 필요합니다.

2. A: 주말에는 무엇을 하며 지냅니까?
   B: 글쎄요. 원래 요리하는 걸 좋아해서 자주 합니다.
   A: 그렇습니까? 어떤 점이 좋습니까?
   B: 요리를 하면 마음을 비울 수 있어요.

### ✏️ フリートーキング

**A상황**

相手の趣味について、詳しく尋ねてください。

**B상황**

Aさんの質問に答えて、自分の趣味を紹介してください。

**모범회화 예시**

A: Bさんの趣味は何ですか。
B: かばんを集めることです。
A: かばんと言いますと……。
B: かわいいかばんがほしいんです。
A: あ、そうですか。
B: 外出するとき、持って出ると気持ちがいいです。
A: なるほど、とても好きなんですね。
B: でも、人に話すのが少し、恥ずかしくて……。
A: 大丈夫ですよ。立派な趣味じゃないですか。
B: ありがとうございます。
A: これからも、かわいいかばんが集まるといいですね。
B: はい。がんばります。

## 日本文化

### オタク

　世界に広がるオタク文化。オタクとは、趣味に傾倒する人の一つの類型またはその個人を示す言葉である。由来ははっきりとは分からないが、オタクと最初に世間に認知させたのは、作家の中森明夫が1983年に記した「おたくの研究」というコラムだといわれている。強い興味や関心を持つという点でオタクはマニア・学者とあまりかわらない。オタクというと、対人関係に問題があるなど偏見の意味の込められた言葉であったが、現在ではこの語が一般化して、みずから自称したり、「オタクであることが誇りである」と思う人も存在する。

# 第7課 여행

## 🗨️ ダイアローグ

츠키지 시장 견학 투어

係員　아~ 저기요, 담배를 피우거나 버리거나 하지 마세요.
ウ　　아, 화가 나셨군요.
係員　저기요, 카트에 타지 마세요. 위험해요.
ウ　　아~, 저기서도 주의를 받았어요.
係員　생선을 만지지 마세요. 파는 물건이니까요.
ウ　　여기서도 말을 듣는군요. 하지만 좀 안됐네요.
川野　그렇군요. 규칙을 잘 가르쳐 주면 돼요.
ウ　　그렇지요. 가르쳐 주면 알게 되니까요.

## ✏️ パターントレーニング

1　A: 데이트, 어떤 걸 하면 좋을까요?
　　B: 보통 밥을 먹거나, 영화를 보거나 하면 좋지 않습니까?
　　A: 좀 더 인상에 남을 만한 것은 없을까요?
　　B: 그럼 크루즈는 어떻습니까?

2　A: 미술관에 갔습니다만 혼났습니다.
　　B: 뭐라고 그랬는데요?
　　A: 사진을 찍지 말라고요.
　　B: 아, 당연한 것이에요.

## 👩 重要表現

1　• 어제는 청소를 하거나 세탁을 (하거나) 했습니다.
　　• 여름 방학에는 여행을 하거나 아르바이트를 (하거나) 하고 싶습니다.

2　• 절대로 잊지 마세요.
　　• 쓰레기를 버리지 마세요.

3　• 어제 부장님께 칭찬받았습니다.
　　• 식사에 초대받았습니다.

## ✏️ フリートーキング

**A상황**

あなたは旅行社に来ました。パンフレットを見ながら、どの日本旅行にするか尋ねて決めてください。

**B상황**

あなたは旅行社の社員です。Aさんの質問に答え、好みに合う旅行コースを紹介してください。

**모범회화 예시**

A: すみません。

B: はい、いらっしゃいませ。

A: あの、国内旅行を考えているんですが、何かいいツアーはありませんか。

B: パッケージツアーをお探しですか。

A: はい。

B: それでは、これなんか、いかがでしょうか。

A: どんな特徴がありますか。

B: 旅館に泊まって懐石料理を食べたり温泉に入ったりします。

A: いいですね。

B: ただし、出発予定日の変更はできませんので、変更はしないでください。

A: はい、わかりました。じゃ、これにします。

B: ありがとうございます。ちょうど、キャンペーン中だったんです。

A: 妻に喜ばれると思います。いいのが見つかってよかった。

## 日本文化

### 旅行土産

　日本人の贈り物文化の中で、最も頻繁に行なわれるのが旅行土産だといわれる。日本人にとって「土産」は馴染み深いもので、国内旅行、海外旅行どちらに行っても土産を買うのが日本人である。家族や親しい友人だけでなく、近所や職場の人にまでお土産を買う。旅行を楽しむどころか、お土産を買うことで精一杯だった、などという不思議な状況も生まれてくる。日本国内のテーマパークや温泉、高速道路の休憩所などいたるところに箱入りのお菓子や特産品などを見ることができる。

# 第8課 약속

### ダイアローグ

パク　내일 일본과 한국의 축구시합이 있는데 같이 보지 않겠습니까?
山口　좋아요. 어디에서 봅니까?
パク　스포츠바에 갑시다. 좋은 곳이 있어요.
山口　그럼 맥주라도 마시면서 응원할까요?
パク　지지 않을 겁니다.
山口　저희 쪽이야말로요. 어디서 만날까요?
パク　6시에 이 역 2번 출구에서 만납시다. 늦지 마세요!!
山口　알아요. 그럼 내일 6시에.

### 重要表現

1. ・함께 식사하지 않겠습니까?
   ・동찬 씨도 오지 않겠습니까?

2. ・모두 갑시다.
   ・어디에서 식사할까요?

3. ・걸으면서 이야기합시다.
   ・음악을 들으면서 공부합니다.

### パターントレーニング

1. A: 내일은 토요일이군요. 무엇을 할 겁니까?
   B: 실은 보고 싶은 영화가 있는데 괜찮으면 함께 가지 않겠습니까?
   A: 좋아요. 그 다음에 식사도 하지 않겠습니까?
   B: 스케줄은 정해졌네요. 그럼 내일 3시에 시부야의 하치 공 앞에서 만납시다.

2. A: 지금부터 프레젠테이션 준비를 할까요?
   B: 그렇지만 지금부터 회의입니다.
   A: 그렇습니까? 그럼 어떻게 할까요?
   B: 그럼 점심시간에 밥을 먹으면서 이야기합시다.

### フリートーキング

**A상황**

あなたはBさんに電話をかけて、来週の日曜日にあるコンサートに誘ってください。時間と待ち合わせ場所を決めてください。

**B상황**

あなたはAさんの誘いに応じてください。時間と待ち合わせ場所を確認してください。

**모범회화 예시**

A：もしもし、Bさん。私、Aです。今、お時間よろしいですか。

B：あ、Aさん、こんにちは。いいですよ。何ですか。

A：実は、来週の日曜夕方6時からのSMAPのコンサートのチケットが手に入ったんですけど、よかったら、いっしょに行きませんか。

B：わあ、いいですね。でも、私なんかでいいんですか。

A：Bさん、以前、SMAPの歌が好きだって言ってたでしょう。やっぱり、関心のある人じゃないと……。

B：わあ、ありがとう。じゃ、お願いします。

A：じゃ、決まり。いっしょに行きましょう。

B：うれしい！

A：それじゃ、待ち合わせはどこがいいですかね。水道橋駅の東口に5時は、どうですか。

B：はい、いいですよ。

A：それから、コンサートの後、お茶でも飲みながら、お話でもしましょう。

B：わかりました。楽しみにしています。

 **日本文化**

約束の時間

「時間に遅れないこと」これは今も昔も変わらない社会の基本的なルールである。特にビジネスの場面では、遅れるのがだめなら、なるべく早く行ってしまった方がいいのでは？と思う人もいるかもしれないが、先方も会う準備が必要かもしれないし、先客がいるかもしれない。早すぎる到着は先方に迷惑になることもある。約束の5分前くらいにその会社の受付に入ると良い。万一、電車の遅延、体調不良、またその他のトラブルなどで遅れる事がわかった場合は、必ず約束の時間までに先方に電話を入れるようにすることが常識である。

# 第9課 PC와 게임

### ダイアローグ

上田   이야기란 게 무엇입니까?
パク   남자친구의 온라인 게임을 그만두게 하고 싶은데 뭐 좋은 방법이 없을까요?
上田   온라인 게임 말입니까? 그렇게 심각합니까?
パク   네. 게임을 너무 해서 머리가 아프다고 합니다.
上田   예에? 그거 참 곤혹스럽겠군요. 그런데 일은요?
パク   최근에 하지 않습니다.
上田   으음~, 뭐든 지나치게 하면 안 되지요.
パク   예. 밥도 먹지 않아요. 어떻게 하면 좋을지…….

### 重要表現

1. 
- 저는 우리 아들을 영어 학원에 다니게 합니다.
- 부장님은 저에게 잔업을 시킵니다.

2. 
- 아이돌을 만나고 싶습니다.
- 일본어가 능숙해지고 싶습니다.

3. 
- 머리가 아파요? 과음이에요.
- 일을 너무 하시는군요. 천천히 쉬세요.

### パターントレーニング

1. A：우리 애 일인데요, 학원에 가게 하고 싶습니다.
   B：하지만 무리하게 가게 하는 것은 좋지 않아요.
   A：그래도 더 공부하게 하고 싶습니다.
   B：뭐가 좋은 방법인지 좀 더 생각해 봅시다.

2. A：어디 컨디션이 좋지 않습니까?
   B：실은 어제 술자리에서 무리를 해 버려서 머리가 좀 아픕니다.
   A：그렇습니까? 과음은 몸에 좋지 않아요.
   B：그렇지요. 조심하도록 하겠습니다.

### フリートーキング

**A상황**

Bさんに、恋人に使わせたいパソコン関係のもの(アイパッド・ブログ・ツイッターなど)について尋ねてください。

**B상황**

Aさんの質問に答えて、パソコン関係のものについて話してください。

**모범회화 예시**

A: Bさんは、恋人にどんなIT機器を使わせたいですか。
B: 私は、アイパッドを使わせたいです。
A: でも、少し大きめじゃないですか。持ち運びには少し不便じゃないかな。
B: でも、映画を見たり、資料を見たりするのなら、ある程度の大きさがあったほうがいいでしょう。
A: 私は、アイフォンのほうがいいですね。小さくて携帯するのに便利だから。
B: アイフォンは売れすぎじゃないですか。
A: 世界的にけっこう売れているらしいですね。
B: でも、小さいので文字入力をするのに、時間がかかりますね。
A: いずれにせよ、それぞれの用途と好みにあったものを使うのが一番ですね。

## 日本文化

### パソコンとゲーム

　一家に一台はパソコンがあるという時代になった今、パソコンをどんなことに使うのだろうか。仕事以外では主にいろいろな調べものに使ったり、メールのやり取りをしたり、趣味娯楽として使ったり、人それぞれである。最近ではオンラインゲームをする人が増えている。DS、Wii、PSP、PS3、Xbox360などに加え、さまざまな携帯コンテンツのゲームまで、最近のコンピューター・ゲームは、若者だけでなく、家族みんなが楽しめるエンターテインメントとして定着してきた。

# 第11課 선물

## ダイアローグ

- パク: 네? 부모님께 드리는 선물입니까?
- 山口: 네. 나를 늘 염려해 주시고, 곧 부모님의 결혼기념일이라서요.
- パク: 그래요? 그래서 뭔가 선물을 하려고 생각하고 있었군요. 이미 준비해둔 게 있습니까?
- 山口: 아뇨. 아직입니다만, 온천여행을 선물하려고 생각하고 있습니다.
- パク: 그건 부모님께서도 틀림없이 기뻐하실 거예요.
- 山口: 그렇겠죠? 기뻐해 주시겠죠? 그럼 여행으로 해야지!!
- パク: 나도 부모님께는 감사하고 있습니다만, 올해는 뭔가 생각해 봐야겠는걸.

## 重要表現

1. 
   - 제가 아플 때 병문안 하러 와 주었습니다.
   - 오늘은 도와주셔서 감사합니다.
2. 
   - 앞으로도 열심히 분발하려고 생각합니다.
   - 오늘은 일찍 돌아가 쉬려고 생각합니다.
3. 
   - 이미 예약은 되어 있습니까?
   - 어라? 이 책 누구 것인가?
     아, 여기에 이름이 써 있어요.

## パターントレーニング

1. 
   - A: 지난주 생일이었어요.
   - B: 그럼 주위 사람들이 여러 가지 해주지 않았나요?
   - A: 네. 친구가 식사를 사 주었습니다.
   - B: 식사를요? 그것 참 잘 됐네요.
2. 
   - A: 다음 주, 여행을 가려고 생각하고 있습니다.
   - B: 예약이 상당히 어렵지 않습니까?
   - A: 그렇게 생각해서 이미 예약을 해놓았습니다.
   - B: 과연 준비성이 좋군요.

## フリートーキング

### A상황

あなたは友達のCさん(またはその家族)におくるプレゼントは何がいいか友達Bさんと相談してください。

### B상황

友達Aさんの問いに答えて Cさんにおくるプレゼントは何がいいか、考えてください。

**모범회화 예시**

A：今度、Cさんのお子さんの誕生日ですね。いっしょに、プレゼントを考えませんか。ゲーム機なんか、どう思いますか。

B：ゲーム機はあまり夢中になりすぎるとよくないんじゃないですか。私はもう予約してあります。

A：え、何ですか。

B：本です。私が病気の時、Cさんがお子さんをつれて、お見舞いに来てくれました。その時、本が大好きだって言ってたので。

A：本ですか。良さそうですね。

B：科学が好きだって聞いたので、科学の本にしました。

A：科学の本ですか。私と反対ですね。

B：でも、小説など文学でも、何でも好きだって言ってましたよ。

A：あ、私そっちのほうが選びやすいですね。夢のあるおもしろい本を選んであげたいですね。

B：分野が多様で、いろいろあってもいいと思います。

A：今日、本屋に行って選ぼうと思います。

B：いいのを見つけてくださいね。

## 日本文化

### 餞別(せんべつ)

餞別とは遠方に旅行する人や転居・転任などをする人に、別れのしるしとして金品を贈ることである。

| | |
|---|---|
| 上司、同僚が長期海外出張や海外研修に行く場合 | グループで餞別を渡す。予算は一人5千円程度。特に親しい場合は個人的に1万円程度。 |
| 上司、同僚が転勤で遠距離に行く場合 | 社内の規則があればそれに従うが、特に親しかった場合などは個人的に1～2万円を別に渡す。 |
| 親しい友人が海外留学する場合 | 1～2万円ほど渡すほかに、海外で喜ばれるものをプレゼントするのもよい。大きなものは郵送で送る。 |
| 銀婚式の記念などで両親が旅行する場合 | たとえ国内でも1～2万円の餞別を渡す。 |

# 第12課 대학생의 일과

### 🗨 ダイアローグ

川野　아니, 오늘은 일찍이네요. 어떻게 된 겁니까?
ウ　　그게 PC가 고장이 나서 큰일이에요.
川野　PC요? 그렇게 큰일입니까?
ウ　　왜냐하면 매일 아침 반드시 메일 체크를 하고 나서 대학에 왔으니까요.
川野　그렇네요, 중요한 연락은 메일이 많으니까요.
ウ　　아무리 바빠도 메일만은 체크하려고 합니다.
川野　그래서 어떻게 할 겁니까, 내일은?
ウ　　또 일찍 와야지요. 새 PC를 사야만 하는건가……

### 🗨 重要表現

1. ・매일 밤 샤워를 하고 나서 잡니다.
   ・반드시 노크하고 나서 들어오세요.
2. ・남의 말은 끝까지 들으려고 합니다.
   ・9시까지 오도록 해 주세요.
3. ・자기 일은 자기가 하지 않으면 안 됩니다.
   ・상사에게 제대로 보고해야 합니다.

### 🗨 パターントレーニング

1. A : 왜 이런 실수가 일어났습니까?
   B : 잘 확인하지 않고 자료를 만들어 버렸어요.
   A : 앞으로는 잘 확인하고 나서 자료를 만들도록 해 주세요.
   B : 네. 죄송합니다.
2. A : 오늘밤 같이 식사하러 가지 않겠습니까?
   B : 죄송합니다. 오늘은 아버지 생신 파티가 있어서 일찍 돌아가지 않으면 안 됩니다.
   A : 그렇습니까? 유감이네요.
   B : 다음에 청해 주세요.

### 🗨 フリートーキング

**A상황**

あなたは大学生です。友達の大学生Bさんに日課を尋ねてください。

**B상황**

あなたは大学生です。 友達Aさんの質問に答えて 日課を答えてください。

**모범회화 예시**

A：Bさんの日課を教えてください。
B：まず、朝は6時までに起きるようにしています。
A：えっ、6時ですか。早いですね。
B：朝しか運動する時間がないので……。
A：どんな運動をしているんですか。
B：テニスをしたり、スカッシュをしたりします。
A：授業が終わった後は何をするんですか。
B：授業が終わった後は、サークルです。
A：どんなサークルですか。
B：オーケストラです。来月、コンサートがあるんで。
A：サークルが終わった後は、バイトですか。
B：はい。火木は家庭教師をしますが、週末はコンビニのバイトです。
A：自分の小遣いぐらいは自分で稼がなければなりませんね。
B：それから毎晩、日記をつけてから寝ます。
A：日記ですか。まめですね。

## 日本文化

### 大学受験

　日本の大学入試は推薦入試やAO入試、一般入試に大きく分けられる。国立大学の一般入試では、原則的にセンター試験の受験が必須である。センター試験は、5教科7科目(国語・外国語・数学(1)・数学(2)および地理歴史・公民・理科から3科目)が課される場合が多い。センター試験は1月の第3土曜日・日曜日(1月13日以降の最初の土曜日及び翌日の日曜日)に行なわれる。さらに大学が独自に作成した二次試験が実施される。このセンター試験と二次試験等の合計によって、合格者が決められる。この試験に合格するため、日本の高校3年生、または、浪人生は勉強する。

## 第13課 사회인의 일과

### ダイアローグ

上田: 엇? 별로 안 먹네요.
山口: 예, 요즘 식욕이 없습니다. 스트레스인가.
上田: 음. 그럴지도 모르겠네요. 보통 일한 후에는 무엇을 합니까?
山口: 돌아가서 밥을 먹고, TV를 좀 보고, 목욕을 하고, 잘 뿐입니다.
上田: 아~ 생활 리듬을 좀 바꿔 보면 어떻습니까?
山口: 리듬 말입니까?
上田: 저는 일한 뒤에 수영을 합니다. 꽤 헤엄칠 수 있게 되어서 즐겁습니다.
山口: 그렇군요. 일과를 만든다는 거네요…….

### 重要表現

1. • 백화점에서는 언제나 보기만 할 뿐입니다.
   • 바로 먹을 수 있어요. 레인지로 데우기만 하면 되니까요.

2. • 메일 주소를 바꾸면 어떻습니까?
   • 남의 의견도 들어보면 어떻습니까?

3. • 한자를 많이 읽을 수 있게 되었습니다.
   • (감기가 나아서) 목소리가 잘 나오게 되었습니다.

### パターントレーニング

1. A: 이 푸딩 맛있군요. 어떻게 만든 겁니까?
   B: 달걀을 섞어서 굽기만 하면 되요.
   A: 정말입니까? 굽기만 하면 만들 수 있는 겁니까?
   B: 간단하니까 꼭 만들어 보세요.

2. A: 요즈음 운동부족이라서…….
   B: 그건 안됩니다. 요가를 배워 보면 어떻습니까?
   A: 관절이 아프지 않습니까?
   B: 그렇지도 않아요. 곧 여러 가지 포즈를 할 수 있게 됩니다.

### フリートーキング

**A상황**

あなたは社会人です。友達の社会人Bさんに日課を尋ねてください。

**B상황**

あなたは社会人です。友達Aさんの質問に答えて日課を答えてください。

**모범회화 예시**

A：Bさんの日課を教えてください。
B：まず、朝は自転車で最寄りの駅まで行きます。
A：健康的ですね。
B：忙しい生活の中での運動とエコを考えるとやっぱり自転車が一番ですよ。
A：電車に乗ってからどこへ行きますか。
B：英会話教室に行きます。
A：すごいですね。
B：電車が混まないうちに、会社の近くまで行ってしまうことが大切です。海外の取引先との連絡なんかがありますから、英語は欠かせませんね。
A：でも、なぜ、朝するんですか。夕方でもいいんじゃないですか。
B：夕方だと残業があったり、飲み会やアポが入ったり、不規則なので、朝が一番いいんですよ。続けた甲斐あって、だいぶ話せるようになりました。Aさんは英会話はどうしていますか。
A：わたしは、ただ英語を聞くだけです。
B：それじゃ、Aさんも来月から英会話教室に通ってみたらいかがですか。やっぱり、聞くだけよりも話してみたほうがいいですよ。
A：じゃ、そうしてみます。

## 日本文化

**社会人 飲み会マナー**

① 上司や先輩から飲食に誘われたら、無理のない範囲で快くつきあう。
② 食事や飲み物が全員にいきわたっているか配慮する。
③ 話題づくり、雰囲気づくりに心掛ける。
④ お酒の飲めない方には無理にお酒をすすめない。
⑤ 飲めない方もお酌にはにこやかに形式的に口をつけるくらいはする。
⑥ 男女に関わらずお酌をする。必ず役職順を守る。
⑦ 上司のお酌には快く「ありがとうございます。いただきます。」とお礼をする。
⑧ 勘定は割り勘が基本。ご馳走になったら次回払うなど、対等な関係にする。
⑨ 別れ際の挨拶、翌日の会社での挨拶も忘れずに。

## 第14課 의뢰

### ダイアローグ

パク　여보세요. 박인데 지금 잠깐 괜찮습니까?
上田　아, 박 씨 괜찮아요. 무슨 일입니까?
パク　실은 부탁이 있어서 전화했습니다만…….
上田　예.
パク　내일부터 급히 출장을 가게 되었는데 우리 모모를 맡아 줄 수 없을까요?
上田　모모?
パク　네, 고양이 모모입니다.
上田　앗! 저, 고양이 같은 거 키워 본 적이 없어요.
パク　모레 돌아올 예정입니다. 어떻게든 부탁할 수 없습니까?
上田　음, 알았습니다. 그럼 지금부터 데려와 주세요.
パク　정말입니까? 아 살았다. 감사합니다. 선물 사 오겠습니다.

### 重要表現

1. 
   - 야마다 씨가 오면 가르쳐 주시지 않겠습니까?
   - 미안합니다. 이 문장을 한 번 체크해 주시지 않겠습니까?
2. 
   - 일본으로 유학간 적이 있습니다.
   - 일본어로 프레젠테이션을 한 적이 있습니까?
3. 
   - 3시에 만날 예정입니다.
   - 오후에는 회의가 있을 예정입니다.

### パターントレーニング

1. A : 지금 좀 괜찮습니까?
   B : 괜찮습니다. 무슨 일입니까?
   A : 계약서를 썼는데 봐 주시지 않겠습니까?
   B : 알았습니다. 내일 아침까지 괜찮습니까?

2. A : 하와이에 간다면서요.
   B : 예. 오봉연휴에 갈 예정입니다.
   A : 좋겠네요.
   B : 해외여행을 한 적이 없어서 긴장하고 있습니다.

### フリートーキング

**A상황**

あなたはBさんに何でもいいので、依頼をしてください。

**B상황**

Aさんの質問に答えて依頼に応じてください。

**모범회화 예시**

A: おはようございます。Bさん、来週は休みですね。

B: あっ。はい、そうですね。私は家でゆっくり休む予定です。

A: あっ、そうなんですか。実は私、家族みんなで旅行に行く予定なんです。

B: そうなんですか。良かったですね。

A: それで、ちょっと、お願いがあるんですが……。

B: 何ですか。

A: それが、うちにペットがいるんですが、もし、よろしかったら、預かっていただけないでしょうか……。

B: えっ、ペットですか。何ですか。

A: それが、2匹なんです。オウムとうさぎです。

B: じゃ、いいですよ。犬がいなくて良かった。実はうちの娘が犬のアレルギーで苦労したことがあるんです。犬以外なら、預かりますよ。

A: ありがとうございます。それから、5時間ごとにうさぎに人参をやっていただけませんか。

B: あ、人参ですか。かまいませんよ。

A: じゃ、お願いします。

B: わかりました。じゃ、その時また。

## 日本文化

**日本ペット事情**

　日本では犬・猫ともに昔から身近なペットとして広く愛されてきた。また、犬や猫の他にも、小鳥、金魚、熱帯魚、カメ、メダカ、ウサギ、ハムスターなど色々な種類の動物がペットとして飼われている。ペットとして人気の高い犬や猫であるが、マンションやアパートなどで飼うのはなかなか難しいため、マンションなどでも飼える、魚や小鳥などの小動物もペットとして人気がある。近年、ペットフードや洋服へのこだわりだけでなく、人間並みのペットサービスがある。例えば、「ペット葬儀」、「ペット保険」、「ペットアロマテラピー」など様々なサービスが登場している。

# 第15課 친구

### 📖 ダイアローグ

岡　들었어. 여자친구에게 차였다는 것 같던데.
ウ　엣! 어떻게 그걸…….
岡　다들 알고 있어.
ウ　그래? 이미 끝났어.
岡　그렇게 낙심하지 마. 또 반드시.
ウ　그만해. 이제 됐으니까.
岡　그보다 화끈하게 한잔 하러 갈까? 오늘은 내가 낼 테니까.
ウ　다정하게 굴지 마. 혼자 있게 해 줘.
岡　그런 말 하지 마. 자, 가자.
ウ　다정하게 대해 주면 슬퍼지잖아.

### 👩 重要表現

1. • 야마가와 씨 다음달에 결혼하는 것 같아요.
   • 친절한 사람이 인기 있는 것 같군요.

2. • 그 정도(일)로 울지 마.
   • 내일 회의 절대 늦지 마.

3. • 좀 더 짧게 해주세요.
   • 테이블 위를 깨끗하게 해 주세요.

### ✏️ パターントレーニング

1. A: 신입사원의 상태는 어떻습니까?
   B: 열심히 하는 것 같아요.
   A: 그것 잘 되었군요.
   B: 그래서 이번 프로젝트 팀에도 들어갈 것 같아요.

2. A: 역시 부장님에게 혼나고 말았습니다.
   B: 그러니까 무리한 기획서는 쓰지 말라고 했죠?
   A: 그렇네요. 좀 더 간단하게 하겠습니다.
   B: 앞으로는 조심하세요.

### ✏️ フリートーキング

**A상황**

あなたは よくないことがあって落ちこんでいる友達のBさんを慰めてください。

**B상황**

あなたが落胆しているところへAさんが来て話しかけてくれます。Aさんの話に応えてください。

**모범회화 예시**

A：何かあった？元気なさそうだね。
B：うん、実は昨日……。
A：いいから、言ってみなよ。
B：実は昨日Cさんがホッチキスが必要だって言うので、君のを勝手に貸してしまったんだ。
A：おい、勝手に貸したりするな。どおりで見当たらないと思ったよ。
B：ごめん。
A：で、返してもらえるんでしょ。
B：それが、今朝返してもらおうと思って、彼女に言ったら、どうやら無くしてしまったらしいんだ。
A：え、そんな!!
B：ごめん。
A：ま、無くなってしまったものは仕方ないさ。今度からは気を付けろよ。 そんなに気にしなくていいよ。
B：もう、こんなことが2度と起こらないようにするからね。

## 日本文化

**本音と建前**

　「広辞苑」では本音は本心から出た言葉、建前は標準・方針・主義・基礎となっている。本音は現実で、かつ絶対に口にできない意見、建前は公然と口にできる意見という定義もある。建前とは表向きの言葉で、相手の立場や自分との親密さによって使い分けられると考えられる。ではなぜ日本人は建前を使うかというと、自分が本当に思ったことを口にしない方が、和やかな雰囲気を保てると考えるからである。言い換えれば人間関係を潤滑にするために本音と建前を使い分けていると言えるだろう。また親密度が増せば増すほど、本音を多く使い、目上や地位などが上の場合はほとんど建前を使う。また親しくても建前を使う場合があるが、これは相手に失礼のないようにという日本人独特の礼儀意識、美徳があるためである。

# 第16課 해외여행

### ダイアローグ

パク 저기, 할 이야기가 있습니다만 지금 잠시 괜찮습니까?

上田 네, 좋아요. 뭐죠?

パク 다음 주에 말인데요, 3일정도 쉬게 해주실 수 없습니까?

上田 괜찮은데요, 무슨 일입니까?

パク 네, 실은 한국에서 부모님이 오시기 때문에 어디 안내해 드리려고…….

上田 그건 좋은 일이네요. 그래, 예정은요?

パク 도쿄를 여기저기 안내해 드릴 생각입니다만, 아직 확실하게 정하지는 않았습니다.

上田 그래요? 맛있는 것을 많이 대접해 드리세요.

パク 네, 그럴 생각입니다.

上田 확실하게 효도하세요.

### 重要表現

1. • 오늘은 조퇴하게 해 주시지 않겠습니까?
   • 그 일, 저에게 하게 해 주실 수 없을까요?

2. • 오늘은 약속이 있어서 먼저 실례하겠습니다.
   • 이 노트북 상태가 좋지 않기 때문에 봐 주시지 않겠습니까?

3. • 내일 부장님한테 말할 생각입니다.
   • 걷기는 몸에 좋으니까 계속할 생각입니다.

### パターントレーニング

1. A: 이번 주 토요일은 축구시합이군요.
   B: 그래요? 저도 참가하게 해 주시지 않겠습니까?
   A: 물론입니다. 대환영입니다.
   B: 감사합니다. 꼭 골을 넣고 싶습니다.

2. A: 여름방학에는 무엇을 할 겁니까?
   B: 덥기 때문에 홋카이도에 갈 생각입니다.
   A: 그거 좋은 생각이군요.
   B: 네, 김 씨는 무엇을 할 생각입니까?

### フリートーキング

**A상황**

あなたは客として旅行会社に電話して、どんな海外旅行がいいか尋ねてください。

**B상황**

あなたは旅行会社の社員です。Aさんの電話を受けて応対してください。

**모범회화 예시**

A：もしもし、JTBですか。

B：はい、そうですが。

A：今度のゴールデンウィークに海外旅行をするつもりですが、どこかいい旅行先はありませんか。

B：ご希望の旅行先がありますか。

A：今回は休みが長いので、ヨーロッパの方を考えているのですが……。

B：私に推薦させていただけませんか。

A：あ、お願いします。

B：それでしたら、チェコはいかがですか。

A：チェコでしたら、費用はどのぐらいですか。

B：6泊7日で25万円ぐらいです。いかがですか。

A：そうですか。少し高くありませんか。

B：チェコにあるプラハは中央ヨーロッパの世界遺産の宝庫なので、決して後悔しないと思いますよ。

A：わかりました。チェコにします。

B：ありがとうございます。それでは、案内と必要な準備書類をeメールでお送りいたします。

## 日本文化

### 海外旅行の人気ランキング

#### 1. ハワイ

南の島への旅行の定番、ハワイ。日本人旅行者や日本人スタッフも多いので、「海外旅行初心者」でも安心。ビーチでのんびり過ごすのも良し、アクティブにマリンスポーツを楽しむも良し、ショッピングを満喫するも良し。特にオアフ島のホノルルは、海・観光・ショッピングの全てを兼ね揃えた人気のスポット。1年を通じて温かく雨が少ないという気候も人気の理由のひとつ。海を見渡しながらのチャペルウェディングも盛んで、ハネムーンに訪れるカップルも多い。

#### 2. グアム

透き通った海と美しいサンゴ礁に囲まれた、小さな島グアム。日本からたったの3時間で行ける、安くて近いリゾート地の王道。日本人観光客も多く、ほとんどのホテルやレストランで日本語が通じるので、海外旅行初心者も安心。お年寄りや、小さな子供連れ家族の海外旅行先としてもおすすめ。また、定番のマリンスポーツの他、ゴルフ場やショッピング施設も充実しており、まさに家族全員が楽しめるビーチリゾートと言える。

#### 3. イタリア

異国情緒漂う美しい町並みが人気のイタリア。特に人気の都市は、古代遺跡が点在するローマ、優雅な町並みが美しいフィレンツェ、水上都市ヴェネチア、ファッションの街ミラノの4都市。有名ブランドショップも多く、ショッピングも満喫できる。また、本場のイタリア料理やワインも楽しみのひとつ。往復の飛行機だけでまる一日かかってしまうので、長期休暇を利用しての旅行にオススメ。

# 第17課 병원

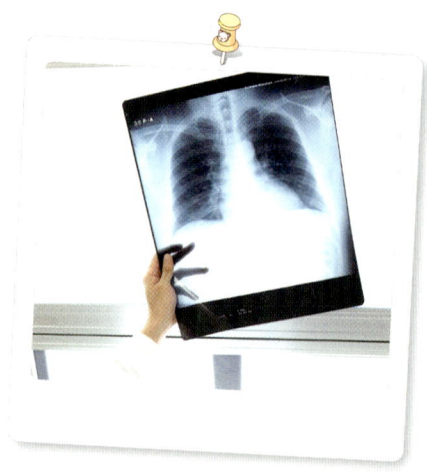

### 🗨️ ダイアローグ

다음 분 들어 오세요.

医者　어떤지요?

山口　머리가 지끈지끈하고 뭔가 몸이 후들거립니다.

医者　열은 있습니까?

山口　네, 7도 5부(37.5도) 있었습니다. (몸이 오한으로) 으실으실하고…….

医者　그래요? 약을 드릴 테니까 오늘은 따뜻하게 하고 쉬세요.

山口　저기, 오늘 목욕을 해도 될까요?

医者　오늘은 하지 않는 게 좋습니다. 샤워는 상관없습니다만.

山口　그리고 내일은 회사를 쉬는 게 좋을까요?

医者　아뇨, 열이 내리면 쉬지 않아도 됩니다. 아! 술은 마시지 마세요.

山口　네, 알겠습니다.

몸 조리 잘하세요. 다음 분.

### 👩 重要表現

1. • 나중에 전화해도 상관 없습니까?
   • 사전은 봐도 상관없습니까?
2. • 선배의 충고는 듣는 편이 좋습니다.
   • 너무 무리하지 않는 편이 좋습니다.
3. • 그렇게 염려하지 않아도 됩니다.
   • 서둘지 않아도 됩니다. 내일까지니까요.

### ✏️ パターントレーニング

1. A : 실례합니다. 이 약 어떻게 하면 될까요?
   B : 식후에 드세요. 식후 30분 정도에 드셔도 상관 없어요.
   A : 네. 감사합니다.
   B : 모르시면 언제든 물으세요.

2. A : 최근 감기 기운이 있어요.
   B : 그건 안됐네요. 집에서 느긋하게 있는 편이 좋아요.
   A : 오늘은 잔업을 하지 않아도 됩니까?
   B : 네, 나머지는 내가 어떻게든 할 테니까요.

### ✏️ フリートーキング

**A상황**

あなたは体調が悪くて、病院に来ました。医者に症状を説明して、診察を受けてください。

**B상황**

あなたは医者です。Aさんを診察し、症状を把握して診断してください。

**모범회화 예시**

B：どうなさいましたか。
A：あの、昨夜から下痢が止まらなくなって、お腹が痛いんです。
B：熱はありますか。
A：微熱があります。
B：はい、口を開けてみてください。それから、おなかと背中を出してください。何か悪いものを食べましたか。
A：はっきりわからないんですけど、お昼を食べた後から、少しお腹が痛くなりはじめたんですけど……。
B：血液検査をしますから、あちらに行ってください。
A：大丈夫でしょうか。
B：そんなに心配しなくてもいいですよ。軽い食中毒のようですね。注射をして、お薬を出しますから、今日はゆっくり休んでください。
A：お風呂に入ってもかまいませんか。
B：あまり無理しないほうがいいですよ。入らないほうがいいでしょう。
A：わかりました。どうもありがとうございました。
B：お大事に。

## 日本文化

**緊急時には**

**・事故・盗難にあったとき（電話番号は110）**
泥棒や暴力の被害、交通事故にあったときは、警察署に電話する。

**・火事が起きたとき（電話番号は119）**
火事のときは、大きな声で近所の人に知らせ、消防署に電話して、消防車を呼ぶ。自分ひとりで消そうとすると危険なので「119」に電話をして消防署がでたら、あせらず、落ち着いて、(1)火事であること、(2)どこであったか（住所または目標物）、(3)燃えているものを話す。

**・急病・大ケガのとき（電話番号は119）**
土日や夜間に病気になったら、夜間や休日に診察してもらえる診療所が各地域にあるのでチェックしておく。

**・地震が起きたとき（災害用伝言ダイヤル：電話番号は171）**
(1) まず身の安全をはかり、最寄りの安全な場所に避難する。
(2) 使用中のガス、ガスコンロの火を消す。他の調理器具や暖房器具等出火の原因になりそうなものはすべて切る。出火していれば、ただちに手近な消火器で消す。
(3) 部屋や玄関のドアを開け、逃げ道を確保する。
(4) テレビ、ラジオ、電話などで震災情報を随時把握するように努める。

# 第18課 전화

## ダイアローグ

ウ 휴대폰, 어떻게 할 겁니까. 아이폰을 사기로 했습니까?

川野 네. 지금부터 사러 가려고 생각하고 있습니다.

ウ 좋겠다. 나도 갖고 싶다.

川野 하지만 좀 걱정되서 함께 가줬으면 싶은데.

ウ 예, 지금부터요? 저, 지금부터 갈 데가 좀 있어서……

川野 아, 그렇습니까? 어쩌지…….

ウ 민채 씨한테 와 달라고 하면 어떻습니까? 오늘은 대학교에 와 있을 겁니다.

川野 그러고 보니 민채 씨 아이폰 갖고 있었죠.

ウ 전화해 볼까요?

川野 그래 주면 고맙겠습니다.

ウ 여보세요, 민채 씨 지금 좀…….

## 重要表現

1. • 내년에 귀국하기로 했습니다.
   • 여행은 가지 않기로 했습니다

2. • 급여를 더 올려 주었으면 합니다.
   • 좀 더 열심히 공부해 주었으면 합니다.

3. • 5분 전에 전화가 왔으니까 이제 올 겁니다.
   • 사토 씨?
   얼굴을 보면 알 거에요. 전에 소개했으니까요.

## パターントレーニング

1. A: 휴대폰 고장 났지요? 그 뒤, 어떻게 했습니까?
   B: 가게에서 봐 주었는데 바꾸기로 했습니다.
   A: 그렇습니까? 얼마나 들까요?
   B: 3만 엔 정도라고 합니다.

2. A: 오타 씨, 죄송합니다. 다나카 씨를 불러주었으면 하는데요.
   B: 분명히 회의실에 있을 거예요.
   A: 그럼 나중에 나한테로 오라고 전해주세요.
   B: 알겠습니다.

## フリートーキング

**A상황**

あなたは大型電気店へ行って、店員にどんなものがいいか尋ねて買ってください。

**B상황**

あなたは大型電気店の店員です。客Aさんの質問に答えて応対してください。

**모범회화 예시**

A: すみません。ちょっとお尋ねしてもよろしいですか。

B: はい、どうぞ。

A: デジカメを買おうと思っているのですが、どのタイプのものがよく売れていますか。

B: 当店での人気商品は、こちらのタイプとこちらのタイプです。

A: それぞれどういう特徴がありますか。

B: こちらのタイプは、画質がよくて、こちらのタイプは軽いです。

A: 価格はどれぐらいですか。

B: こちらが、2万3900円で、こちらが2万3800円で、ほとんど同じです。

A: 画質か軽さかで選ぶことになってきますね。

B: そういうことになりますね。

A: それから、これでもかなり薄いんですけど、私としてはもう少し薄いものを作ってほしいです。

B: 開発中と聞きましたから、来年ぐらいにもっと薄いものが出るはずです。

A: 来年じゃ、待てないですね。じゃ、こちらのものを買うことにします。

B: ありがとうございます。

**日本文化**

携帯電話 ランキング

**1. SoftBank (ソフトバンク)**

2006年、ソフトバンクグループがボーダフォン日本法人を買収し「ソフトバンクモバイル」として新しくスタートした携帯電話会社。思い切った割引制度がユーザーに評価され、2007年に入ってから純増契約者数でNo.1となっている。

2007年1月からスタートした新料金「ホワイトプラン」は、ソフトバンク同士の通話(21時〜1時を除く)とメールが無料、基本使用料が980円(税込)となっており、手軽に携帯電話を持ちたいユーザーに人気を呼んでいる。

**2. au**

ドコモに次ぐシェアを誇る携帯電話会社。最近では契約者の月間純増数でドコモを上回ることも多い。auの大きな特徴は「着うた」に代表されるように音楽に強いところだろう。最新の機種は全てがフル楽曲配信に対応している。また、総合音楽サービス「LISMO」を開始。携帯に付属するソフトウェアをインストールすることで携帯とPC間での音楽データのやり取りがスムーズに行えるようになった。料金プランはドコモと大きく変わらないが、MY割や家族割、ガク割を利用すると基本使用料はかなり下がる。特に多くのサービスが半額のガク割は学生にとってありがたい。

**3. NTT docomo (NTTドコモ)**

国内シェアトップの携帯電話会社最大手。機種の豊富さや、iモードやおサイフケータイ等新しいサービスの提案には定評がある。

# 第19課 장래의 꿈

### 🗒 ダイアローグ

インタビュアー 그럼 마지막으로 장래의 꿈을 여쭤봐도 될까요?
ウ 예. 장래에는 뭔가 아시아를 위해서 일할 수 있는 것을 하고 싶습니다.
インタビュアー 지금 뭔가 구체적인 이미지는 가지고 계십니까?
ウ 아니오, 아직 명확한 이미지는 가지고 있지 않습니다.
インタビュアー 그렇습니까? 그러면 그것을 위해 지금 하시고 계시는 것은 있습니까?
ウ 예. 좀더 외국에 대해서 공부해 두려고 생각하고 있습니다.
インタビュアー 그러시다면?
ウ 우선 외국어입니다. 일본어와 영어, 가능하면 중국어도.
インタビュアー 대단하군요. 그 밖에도 있습니까?
ウ 글쎄요. 자원봉사에 참가해서 여러 가지를 봐두고 싶습니다.
インタビュアー 그렇습니까. 분발해 주세요. 오늘은 감사했습니다.

### 🗒 重要表現

2 • 건강을 위해서 매일 운동하고 있습니다.
  • 결혼하기 위해서 저금하고 있습니다.

3 • 3시까지 서류를 준비해 놓겠습니다.
  • 다음 주까지 이 책을 읽어 두세요.

### ✏️ パターントレーニング

1 A : 부장님, 여쭤보고 싶은 것이 있습니다만.
  B : 아, 야마다 씨. 무슨 일입니까?
  A : 이 자료말입니다만, 봐 주시겠습니까?
  B : 물론. 그것이 어떻다고?

2 A : 요즘 바쁜 것 같군요.
  B : 실은 운전면허증을 따기 위해 자동차 학원에 다니고 있습니다.
  A : 그렇습니까? 확실히 지금 따 두는 게 좋지요.
  B : 예. 그렇게 생각해서 열심히 하고 있습니다.

### ✏️ フリートーキング

**A상황**

あなたは表彰され、テレビのインタビューを受けることになりました。インタビューに答えて 将来の夢を述べてください。

**B상황**

あなたはテレビ局のインタビュアーです。インタビューをしながらAさんに将来の夢を尋ねてください。

**모범회화 예시**

B：優勝おめでとうございます。

A：ありがとうございます。

B：すばらしいスピーチでしたね。

A：ええ、普段の努力の結果を出すことができて、うれしいです。

B：Bさんの将来の夢をお聞きしてもよろしいでしょうか。

A：私の夢は日本語の先生になることです。

B：そうですか。では、そのために準備していらっしゃることがありますか。

A：はい。まずは日本に研修に行こうと思っています。

B：日本に行って、何をなさいますか。

A：将来の役に立つように、様々な経験を積んでおきたいと思います。

B：そうですか。これからもがんばってください。

A：はい。立派な先生になるために、これからも日本語の勉強をがんばります。

B：今日はどうもありがとうございました。

A：ありがとうございました。

##  日本文化

### 日本の就職活動

　職を得るために求人先に働きかけることで、略して「就活」ともいう。活動内容は多くの場合、まず自分がどのような仕事に向いているのかという自己分析をし、その結果から会社を調べ、申請をする。そして会社の説明会を予約し、説明会へ参加する。この時、人気のある会社では予約をとれない場合もあり、説明会に参加しなければ選考に進めない場合もある。次はエントリーシートという自己紹介や志望理由などの書類を郵送、または説明会で提出する。次は、筆記テスト、面接と進みますが、1回で終わる会社もあれば、たくさん面接をする会社もある。このように選考の進め方は会社によって異なる。就職難により、活動期間の長期化、受験技術の高度化など活動の内容が変わってきている。